ISO9001：2015
质量管理体系标准的
理 解 与 操 作

黄晓河／编著

南方日报出版社
NANFANG DAILY PRESS
中国·广州

图书在版编目（CIP）数据

ISO9001 ：2015 质量管理体系标准的理解与操作 /黄晓河编著. — 广州 ：南方日报出版社，2024.4

ISBN 978-7-5491-2800-6

Ⅰ. ①I… Ⅱ. ①黄… Ⅲ. ①质量管理体系－国际标准 Ⅳ. ①F273.2-65

中国版本图书馆 CIP 数据核字(2024)第 006393 号

ISO9001:2015 ZHILIANG GUANLI TIXI BIAOZHUN DE LIJIE YU CAOZUO

ISO9001:2015 质量管理体系标准的理解与操作

编　　著：黄晓河
出版发行：南方日报出版社
地　　址：广州市广州大道中 289 号
出 版 人：周山丹
责任编辑：蔡　芹
封面设计：肖晓文
责任校对：朱晓娟
责任技编：王　兰
经　　销：全国新华书店
印　　刷：广东信源文化科技有限公司
开　　本：787mm×1092mm　1/16
印　　张：12
字　　数：211 千字
版　　次：2024 年 4 月第 1 版
印　　次：2024 年 4 月第 1 次印刷
定　　价：68.00 元

投稿热线：（020）87360640　　读者热线：（020）87363865

序

王时龙

国际标准化组织认为，好的企业在质量管理体系方面有一些共同的特点。质量管理领域的专家把这些特点提炼出来，制订一个质量管理体系标准，让世界各国的各种类型的企业共同遵守，以此推动全球质量管理的进步。

黄晓河先生的著作以ISO9001：2015版《质量管理体系　要求》的3个核心——过程方法、PDCA循环、基于风险的思维为基础，辅以ISO9000：2015版《质量管理体系　基础和术语》，逐条理解标准的约130项要求。读者可以边学边用，学完即可建成质量管理体系，真正发挥标准的作用，推动企业管理进步。

本书特别强调过程方法的重要性，认为国际标准化组织的专家在编写国际标准时，始终坚持运用过程方法。因此，标准的大多数要求，都有一些过程方法的特征。专家的努力，为世界各国按国际标准建立质量管理体系的企业提供了极大的便利。本书作者在努力尝试成为专家的“知音”。

中国的企业在按照国际标准建立质量管理体系时，有一些语言理解上的困难。比如术语“风险”的英语是risk，标准的定义是“不确定性的影响”，这样的含义未见于常见的字典词典中。如果按照通常对“风险”的理解，会把我们带入歧途。又比如，“确定”是标准中出现次数最多的一项活动。但是，按照标准的定义，进行这项活动时，除了查明特性，还要查明特性值，这会使组织需要定义众多的特性值计算方法。有鉴于此，我们必须逐条学习标准要求，完整理解标准的准确含义，才能最大限度发挥标准的科学价值，更好地建立、实施质量管理体系，推动企业质量管理的发展。

全书按照标准《质量管理体系　要求》的章节结构编写，分成8章。第二章到第八章分别对应标准的第4章到第10章。除了逐条理解标准的要求，全书还非常注重体系的作用，在不同章节中的相关内容之间建立联系。

书中将标准的要求进行了归类划分，其中与质量管理七大原则有关的要求和要“确保”的要求这两类要求相比其他要求更重要。在建立、实施和评审质量管理体系时，要格外注意这些要求。企业可以边学边建，即在理解部分标准的要求后便可以开展质量管理工作，不必等到完全理解全部标准。

“阳光总在风雨后。”质量管理体系的过程模型和过程方法，与大多数企业现存的管理体系有较大的差异，按标准建立、实施质量管理体系对各种类型的企业，尤其是企业的各级管理者是一项重大的挑战。高级管理者须直面挑战，克服困难，使企业的管理水平更上一层楼。提高各种类型的企业的质量管理效率，对当下实现中华民族伟大复兴的宏伟目标，一定有非常积极的贡献。相信质量管理体系标准可以支持我们实现更宏大的追求！

（作者系“长江学者”特聘教授，重庆大学党委常务副书记）

目 录

第一章 》准备知识

本章将介绍质量管理体系标准及其核心概念，包括要求和组织、管理体系模型（PDCA循环）、过程方法和过程模型、活动和基于风险的思维。通过本章的学习，读者将初步掌握质量管理体系标准的核心原则和方法，为后续学习奠定基础。

第一节 质量管理体系标准

一、标准文件

人们常说，榜样的力量是无穷的。

国际标准化组织认为，成功的组织在质量管理体系方面具有一些共同的特点。质量管理领域的专家们精心提炼出这些特点，并制订了质量管理体系标准，让世界各国的各种类型的组织共同遵守，以此推动全球质量管理的进步。

质量管理体系国际标准是一套文件，共18个文件。一般用到的是2个文件，即《质量管理体系 基础和术语》（GB/T 19000—2016/ISO9000：2015，本书简称《基础和术语》）和《质量管理体系 要求》（GB/T 19001—2016/ISO9001：2015，本书简称《要求》）。本书中引用这两个标准的条文时，均以框线标识出来，同时保留标准条文本身的编号。《基础和术语》的编号是2—3，《要求》中各项要求的编号是0、4—10。《要求》和《基础和术语》的编号1分别是各自的范围说明，本书讨论时会说明出自哪份文件。

此外，各类组织按照《要求》建立质量管理体系时，可以参考《质量管理体系文件指南》（ISO/TR 10013）编写管理体系文件；而认证机构可以参考《管理体系审核指南》（ISO19011）进行第三方审核。

在我国，国家市场监督管理总局把国际标准转化成国家标准，供各种类型的组织按照国际标准建立质量管理体系。

> 0.1　总则
>
> 采用质量管理体系是组织的一项战略决策，能够帮助其提高整体绩效，为推动可持续发展奠定良好基础。
>
> 组织根据本标准实施质量管理体系的潜在益处是：
>
> a）稳定提供满足顾客要求以及适用的法律法规要求的产品和服务的能力；
>
> b）促成增强顾客满意的机会；
>
> c）应对与组织环境和目标相关的风险和机遇；
>
> d）证实符合规定的质量管理体系要求的能力。

《要求》的引言第一段着重强调了两个预期：一是整体绩效，二是良好的基础。这是按照标准建立质量管理体系的终极目标。

如果把“应对风险”看作一种能力，第二段则突出了三种能力和一种机会。这些能力和机会，即潜在的收益，构成了前述两个目标的基础。在建立和实施质量管理体系时，应当有意识地增强这四个方面的收益。

二、三大法宝

以下《要求》的引言中，有一句话至关重要：“本标准采用过程方法，该方法结合了‘策划—实施—检查—处置（PDCA）循环和基于风险的思维’”，读者需熟记于心。

> 0.1　总则
>
> …………
>
> 本标准采用过程方法，该方法结合了“策划—实施—检查—处置”（PDCA）循环和基于风险的思维。
>
> 过程方法使组织能够策划过程及其相互作用。
>
> PDCA 循环使组织能够确保其过程得到充分的资源和管理，确定改进机会并采取行动。

基于风险的思维使组织能够确定可能导致其过程和质量管理体系偏离策划结果的各种因素，采取预防控制，最大限度地降低不利影响，并最大限度地利用出现的机遇（见 A.4）。

“过程方法”“PDCA 循环”和“基于风险的思维”是编写者为了让我们更好地学习和理解质量管理体系标准而归纳的质量管理体系之精髓，可以说是质量管理体系的“三大法宝”。

第二段至第四段强调了“三大法宝”在质量管理体系中的核心功能，读者务必认真学习，深刻理解，熟练运用。

三、基础和术语

理解一些重要的概念，是理解质量管理体系标准的基础。其中有一些术语和我们平时的理解不完全相同，需要认真学习，否则将影响我们对标准的理解。

《基础和术语》第 3 章的“术语和定义”是对于这些概念最为严谨的说明。这些术语的编号均以数字 3 开头，后跟该术语的英文单词，例如“3.6.4　要求 requirement”。质量管理体系标准的其他内容也含有这些概念的说明，但通常更侧重于概念的某一个方面。本书在讨论这些概念时，通常汇集相关的定义和说明，相互印证，以帮助读者更好地理解。

1　范围

本标准表述的质量管理的基本概念和原则一般适用于：

——通过实施质量管理体系寻求持续成功的组织；

——对组织稳定提供符合其要求的产品和服务的能力寻求信任的顾客；

——对在供应链中其产品和服务要求能得到满足寻求信任的组织；

——通过对质量管理中使用的术语的共同理解，寻求促进相互沟通的组织和相关方；

——依据 GB/T 19001 的要求进行合格评定的组织；

——质量管理的培训、评价和咨询的提供者；

——相关标准的起草者。

上述条文出自标准《基础和术语》的第 1 章。其中，第一段列举了 7 类适合贯彻质量管理体系标准的组织。前 5 种合在一起，构成了一幅贯标组织的画像，和《要求》0.1 总则中的“提高整体绩效”“奠定良好基础”及 4 条潜在收益的意思相近。标准在《要求》中告诉我们，建立体系之后能够得到的收益；这里强调的是为了获得希望的收益，组织需要做什么。例如，我们始终在寻求顾客信任我们的能力。为此，我们持续为顾客提供符合要求的产品和服务。但是，不时出现的各种大大小小的不合格，降低了顾客对我们的能力的信任。我们常常感到沮丧，不知所措。归根结底，出现这类情况的根源还是我们的能力有一些短板。通过建立和实施质量管理体系，我们能够发现短板，并补上短板。那时，顾客将更加信任我们的能力！这是我们追求的结果。

《基础和术语》将 136 个术语（包括 21 个通用术语和核心定义）分成了 13 个类别，包括人员、组织、活动、过程、体系、要求、结果、数据信息和文件、顾客、特性、确定、措施、审核。

附录 A.5 概念图展示了每一类术语中各个术语之间的关系，本书引用概念图时，保留了标准的编号。例如，有关人或人员的定义及相关概念的关系如图 A.4 所示，图中的双箭头线代表两个术语之间是关联关系。

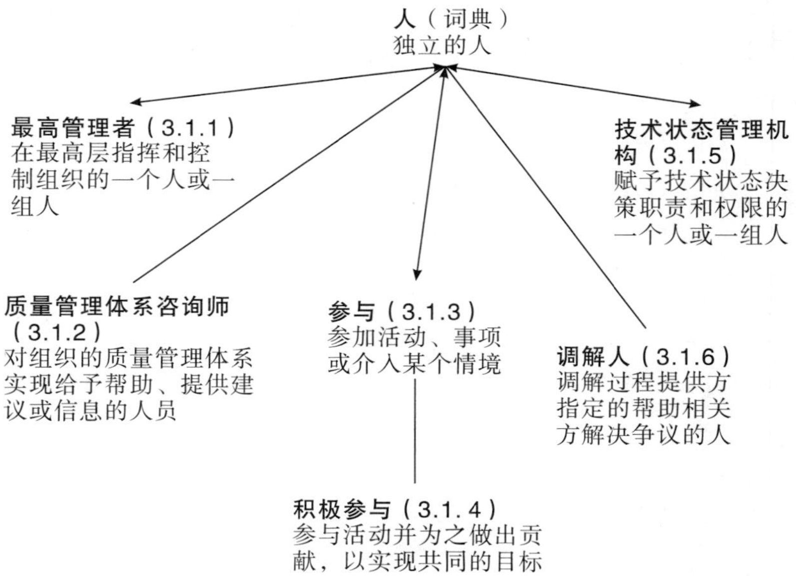

图 A.4 3.1 有关人或人员的定义及相关概念

《基础和术语》是帮助理解《要求》的文件，其主体内容包括3个部分：

一是5个基本概念，分别是：质量、质量管理体系、组织环境、相关方、支持。其中“支持”包括人员、能力、意识、沟通4个子概念。

二是质量管理7项原则，分别是：以顾客为关注焦点、领导作用、全员积极参与、过程方法、改进、循证决策、关系管理。

《基础和术语》针对每一项原则分别从概述、依据、主要益处、可开展的活动4个方面进行介绍。本书在相应的章节摘录了七大原则可开展的活动。

三是质量管理体系运用的基本概念和特征。基本概念有3个：体系、过程、活动。前文提到的13类术语中涵盖了有关体系的12个术语、有关过程的7个术语和有关活动的13个术语；136个术语中包括“体系”和“过程”2个术语。特征有5个：不断发展的动态系统、有凝聚力、框架、反映组织的需求、达到更高的水平。

第二节 要求和组织

一、组织

质量管理体系标准是为各种类型的组织编写的。因此，我们首先需要明确组织的定义。以下是《基础和术语》中关于组织的定义：

> 3.2.1 组织 organization
>
> 为实现目标（3.7.1），由职责、权限和相互关系构成自身功能的一个人或一组人
>
> 注1：组织的概念包括，但不限于代理商、公司、集团、商行、企事业单位、行政机构、合营公司、协会（3.2.8）慈善机构或研究机构，或上述组织的部分或组合，无论是否为法人组织，公有的或私有的。
>
> 注2：这是ISO/IEC导则 第1部分ISO补充规定的附件SL中给出的ISO管理体系标准中的通用术语及核心定义之一，最初的定义已经通过修改注1被改写。

组织是个人或一组人，其具备5个特征：有目标，自身的功能，相关的职责，相关的权限，相互关系。一个理想的组织应该具备目标明确、功能完备、职责分

明和关系紧密等特点。值得注意的是，这里所提到的“目标”是比较明确的目的，而“目的”则是比较明确的预期或期望。在后续的讨论中，将会频繁地提到这四个词。

注 1 列举了大部分常见的组织类型，而注 2 则强调了“组织”这一术语的重要性。本书中的案例，大多是来自于企业中的各类活动，但其中部分事例对其他类型的组织也具有参考价值。

二、要求

何为要求？

在日常生活中，家长可能会对自己的孩子说：“我有一个要求。”孩子问：“什么要求？”家长回答：“你今年要努力学习，以确保考上重点中学。”在这里，“努力学习”是一种活动，而“考上重点中学”是一个预期结果。这两者结合在一起构成了家长所提出的具体要求。

以下是《基础和术语》中“要求”的定义：

3.6.4　要求　requirement

明示的、通常隐含的或必须履行的需求或期望

注 1：“通常隐含”是指组织（3.2.1）和相关方（3.2.3）的惯例或一般做法，所考虑的需求或期望是不言而喻的。

注 2：规定要求是经明示的要求，如：在成文信息（3.8.6）中阐明。

注 3：特定要求可使用限定词表示，如：产品（3.7.6）要求、质量管理（3.3.4）要求、顾客（3.2.4）要求、质量要求（3.6.5）。

注 4：要求可由不同的相关方或组织自己提出。

注 5：为实现较高的顾客满意（3.9.2），可能有必要满足那些顾客既没有明示，也不是通常隐含或必须履行的期望。

注 6：这是 ISO/IEC 导则　第 1 部分 ISO 补充规定的附件 SL 中给出的 ISO 管理体系标准中的通用术语及核心定义之一，最初的定义已经通过增加注 3 至注 5 被改写。

要求指的是需求和期望，通常具有一定的强制性。“期望”一词在英语中是 expectation，也包含了“预期”的含义。在本章第四节“过程方法和过程模型”中，

我们还将了解到，要求是一类重要的过程输入。

“注 1”是对“通常隐含”的补充说明，例如，在购买炸薯条时，客人无须提出要求，店员通常会主动提供番茄酱；“注 2”是对“规定要求”的补充说明；“注 3”指导我们如何提出“特定要求”，其中包括了“质量管理要求”，这也是本书讨论的主要内容；“注 4”解释了要求的来源；“注 5”告诉我们怎样“实现较高的顾客满意”，例如，用户常常期待手机厂商能够提供一些新的功能或者性能的巨大提升，手机厂商也常常带给用户一些惊喜。这是卓越企业和普通企业之间最大的差别；“注 6”强调这个术语的重要性。

《要求》中的“要求 requirement”都是特定要求。

三、标准的要求

（一）要求的对象

标准《要求》中的各项要求，是对组织提出的要求，适用于术语“3.2.1　组织”的注 1 中列举的所有类型的组织。

（二）要求的形式

《要求》中用“应”字表示按标准建立质量管理体系必须满足的要求。标准条文采用的表达方式是“组织应……”“最高管理者应……”“质量方针应……”等，我们将每个这样的表述视为一项要求。按照此方法计算，《要求》中约有 130 项要求。

（三）要求的内容

“应”字之后是一项或者多项活动，告诉组织应该怎么做，甚至是必须怎么做，才能达成最初的预期。这就像家长对孩子提出的要求一样，它们实际上要求的是具体内容，其中包含活动以及活动的一些特性。

例如，“5.2.1　制定质量方针　最高管理者应建立、实施和保持质量方针”中，要求的具体内容是“最高管理者应建立、实施和保持质量方针”。为了满足标准的要求，组织就必须建立、实施和保持自己的质量方针，否则将影响组织的质量管理体系的有效性。

（四）标准的要求

本书把上述要求统称为“标准的要求”。大多数“标准的要求”和要求 5.2.1 一样，标准的条文中不含“要求”二字。

（五）具体要求

有些标准要求包括两个以上的活动，标准通常用英文小写字母编号加以区分，我们称之为“具体要求”。

例如，以下“组织应确保……”是标准对组织的质量管理体系提出的一项要求（《要求》），其中包括 a、b 两项与产品和服务相关的具体要求。倒数三行提及的要求的内容，在相关的文件和法律法规中有相应规定。

> 8.2.2　产品和服务要求的确定
>
> 在确定向顾客提供的产品和服务的要求时，组织应确保：
>
> a）产品和服务的要求得到规定，包括：
>
> 　1）适用的法律法规要求；
>
> 　2）组织认为的必要要求。
>
> b）提供的产品和服务能够满足所声明的要求。

《基础和术语》中，有一类与要求有关的术语，共 15 个，包括：客体、质量、等级、要求、质量要求、法定要求、规章要求等。

> 3.6.2　质量　quality
>
> 客体（3.6.1）的一组固有特性（3.10.1）满足要求（3.6.4）的程度
>
> 注 1：术语“质量”可使用形容词来修饰，如：差、好或优秀。
>
> 注 2：“固有”（其对应的是“赋予”）是指存在于客体（3.6.1）中。

从附录　A.9　概念图可见，客体与质量、等级相关联，二者又与要求相关联。

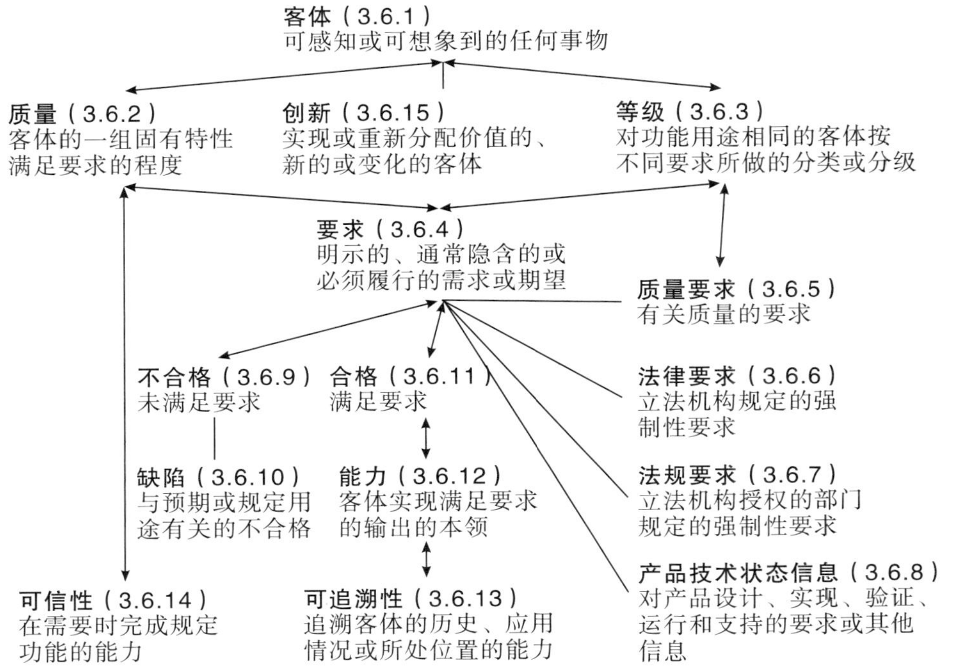

图 A.9　3.6 有关要求的定义及相关概念

可以这样说，学习质量管理体系标准，本质就是学习“要求”。更确切地说，我们要学习的是质量管理体系标准中包含的各项要求。在标准中，有些要求提示组织考虑法律法规的要求，有些要求提示组织考虑顾客的要求，此外还有组织在与顾客合作过程中一些自己的要求。这三类要求是标准要求的内容。

换句话说，国际标准化组织的专家把成功组织的特点用约 130 项要求的形式提出来，让我们遵照。其中，有些要求是满足另外一些要求的措施。通过学习，读者能够真正理解这三类要求，按照要求建立和实施质量管理体系。为了更好地满足要求，专家也为我们准备了“三大法宝”。

尽管标准中一条法律法规条文都没有，却反复强调满足法律法规要求的重要性，贯标组织需要高度重视。

有些组织的顾客的要求可能非常复杂，例如生产光刻机的企业。能够准确理解顾客要求的组织，往往能够更好地满足其要求，从而提高绩效。

第三节　质量管理体系模型

一、质量管理体系模型

一个科学的体系必须具备一个科学的结构。描述结构的图形通常称为“模型”，是帮助理解的重要工具。《要求》中有两个模型：质量管理体系模型（图 1–1）和过程模型（图 1–3）。质量管理体系模型为体系提供了顶层的框架，过程模型为体系运行提供了方法。

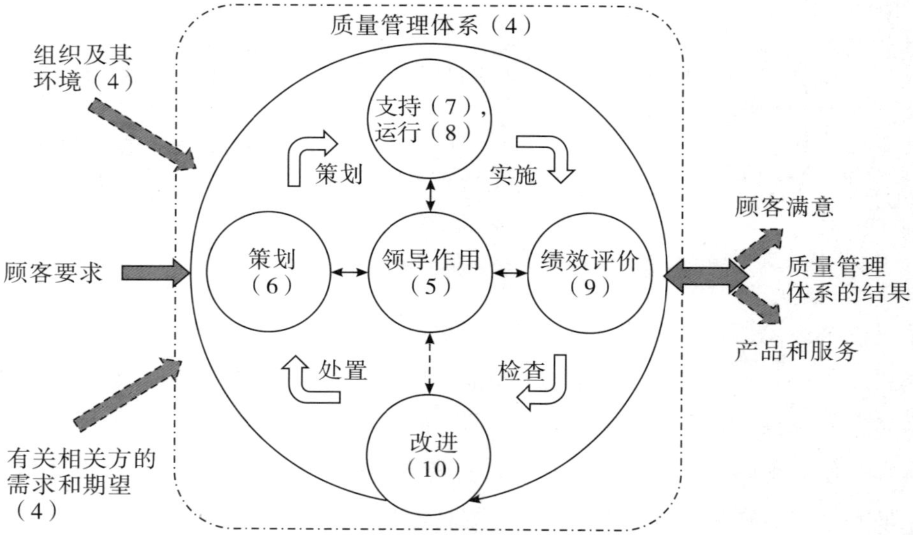

图 1–1　质量管理体系模型[①]

质量管理体系模型包括了标准的全部要求，并将要求分成 7 个部分，放在模型的不同位置。与地图上用点划线表示边界的方法相同，模型中用点划线绘制的矩形框，代表质量管理体系的范围（见“4.3　确定质量管理体系的范围”）。

矩形框的外部是：顾客要求（见“8.2　产品和服务的要求”），组织环境（见“4.1　理解组织及其环境”），相关方及其需求（见“4.2　理解相关方的需求和期望”），质量管理体系的结果，结果包括顾客满意、产品和服务。

① 该图原名为“本标准的结构在 PDCA 循环中的展示”，见于《要求》第Ⅶ页。

矩形框外部左边是三个单向箭头，表示外部向质量管理体系的输入；右边的双向箭头表示体系与体系结果之间的互动，从双向箭头分出两个单向箭头，是质量管理体系的输出：顾客满意、产品和服务。从这里可以看到，“顾客满意”与“产品和服务”是同等重要的体系结果。

矩形框的内部包含一个大圆圈，大圆圈内部嵌套 5 个小圆圈。小圆圈中间的文字，是标准相应章节的标题，文字旁的数字，是标准的章节数。

正中间的小圆圈是标准“5　领导作用”，其周围的四个小圆圈是：“6　策划”（策划 Plan）、“7　支持，8　运行”（实施 Do）、“9　绩效评价”（检查 Check）、“10　改进”（处置 Act）。线的两端都有箭头，表明两者之间有双向的信息传送。四个小圆圈之间的大箭头，代表 PDCA 循环的四个阶段。例如，策划和支持 / 运行之间是“策划 Plan”阶段。大圆圈上的箭头是单向箭头，代表体系运行的方向。

确定质量管理体系中各个过程之间的顺序及其相互作用并非易事，质量管理体系模型提供了便捷的方法来应对这一挑战。举例来说，在策划阶段，最终的输出必然取决于实施阶段的输入，而在检查阶段，初始的输入必然源自实施阶段的结果。

质量管理体系模型揭示了各个过程之间的联系，同时也表明了某些过程之间不存在直接联系，即两者之间没有“输出 / 输入”的关系。例如，“6　策划”和“9　绩效评价”之间没有直接联系。可以利用这个结论，检查过程的合理性，减少差错。

二、PDCA 循环的解释

标准《要求》中关于三大法宝之 PDCA 循环的解释是：

> 0.3.2　PDCA 循环
>
> …………
>
> ——策划（Plan）：根据顾客的要求和组织的方针，建立体系的目标及其过程，确定实现结果所需的资源，并识别和应对风险和机遇；
>
> ——实施（Do）：执行所做的策划；

——检查（Check）：根据方针、目标、要求和所策划的活动，对过程以及形成的产品和服务进行监视和测量（适用时），并报告结果；

——处置（Act）：必要时，采取措施提高绩效。

“策划”有四项工作：建立体系目标，建立过程，确定资源，识别、应对风险和机遇。顾客要求和组织方针是建立目标的控制要点。

“实施”则是执行所做的策划。

“检查”则是对照方针、目标、要求、策划的活动四个方面，监视和测量（必要时）过程和（产品和服务的）结果，并报告（监视和测量的）结果。

“处置”意味着在必要时采取措施以提高绩效。“措施”是名词，英语对应名词是 Action；“处置”是动词，英语对应动词是 Act。

若要保证质量管理体系的绩效，必须具备做好策划、实施、检查、处置这四项工作的能力。

标准中策划、实施、检查、处置这四个动词的含义和这里的解释是一致的。当我们在标准的各个章节中看到这四个词组，可以按照上述说明理解，并尝试在上下文中找到 PDCA 循环的其他三个活动。例如，看到标准要求“实施”时，可以查找上文中是否提到了“策划”，下文中是否包含“检查”和“处置”。

从质量管理体系模型看，策划、实施、检查、处置这四个词语具有更广泛的含义。

策划包括“6　策划”中要求的活动，例如风险评估及应对措施；实施包括“7　支持”和“8　运行”中要求的活动，例如确定需要的能力、知识、顾客沟通等；检查包括“9　绩效评价”中要求的活动，例如审核、管理评审等；处置包括“10　改进”中要求的活动，例如不合格输出的控制。

三、更多的 PDCA 循环

从质量管理体系模型看，PDCA 循环是其主体。如果在标准文档中搜索“策划”二字，可以发现更多与 PDCA 循环相关的内容。例如，《要求》8.1 节是策划运行的相关要求，加上其他相关的节，是一个比较小的 PDCA 循环；《要求》“8.3.2 设计和开发的策划”，加上其他相关的小节，则构成了一个更小的 PDCA 循环。

这三个 PDCA 循环（图 1-2）像套娃一样，一个嵌套在另一个里面，由大到小，由总体到局部。只有真正理解这三个 PDCA 循环，才能理解质量管理体系。

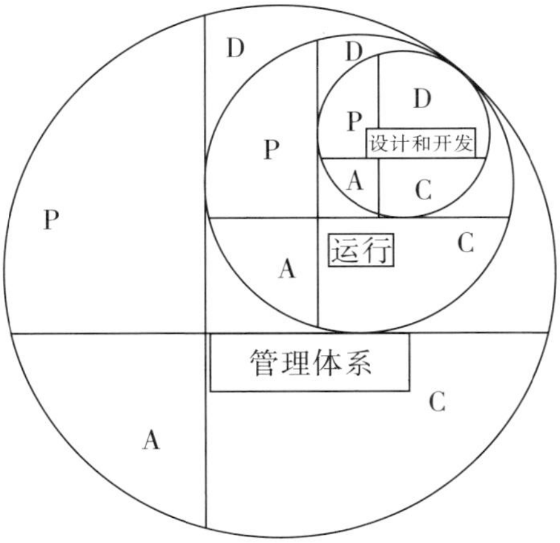

图 1-2 多重 PDCA 循环

需要指出的是，标准中的 PDCA 循环和爱德华兹·戴明最初发明的 PDCA 循环有些不尽相同。

标准对 PDCA 循环这件法宝的讲解非常详细。对于大多数职场人士来说，在工作中学会单独使用 PDCA 循环，也是一个可喜的进步。

第四节 过程方法和过程模型

三大法宝之“过程方法”是管理体系标准的“七大原则”之一。从建立和实施体系，并发挥体系的作用的角度看，这是最重要的一项原则。其他原则主要是在体系运行时发挥指导作用。

通常，原则是用来指导我们做判断的。按照中文的表达习惯，方法不会被视为一项原则。标准中“过程方法原则”的真正含义是在于，建立、实施和保持质量管理体系时，应坚持“使用过程方法”的原则。这一项原则也是质量管理体系标准始终遵循的指导原则。

一、过程的定义

关于过程的定义可参阅《基础和术语》中介绍过程方法的几个条文。以下是“2.4.1 质量管理体系模式”中的描述：

> 2.4.1.3 过程
>
> 组织拥有可被确定、测量和改进的过程。这些过程相互作用以产生与组织的目标相一致的结果，并跨越职能界限。某些过程可能是关键的，而另外一些则不是。过程具有相互关联的活动和输入，以实现输出。

这是从组织的角度看过程：

①组织拥有过程，并将过程分为两类：关键过程和非关键过程。

②过程有三个特性：被确定、可测量、可改进。

③过程由三个部分组成：内部的活动、输入、输出。

④组织有多个过程，这些过程构成一个体系，标准仅涉及组织的质量管理体系。

⑤过程(之间)相互作用，产生结果。也就是说，单独一个过程是无法产生结果的，产生的结果就是过程的一个组成部分：输出。多数情况下，输出只是中间结果。

⑥过程内部存在多项活动，各项活动之间相互关联。

⑦过程产生的结果必须与组织的目标和跨部门职能相一致。这是评价过程有效性的重要因素，也是所有过程的控制和检查点。过程能够“跨越职能界限”，而这有利于打破“部门墙”。

我们可以通过本节第四小节“过程模型”来确定这些特点。

以下是术语“过程”。

> 3.4.1 过程 process
>
> 利用输入实现预期结果的相互关联或相互作用的一组活动
>
> 注 1：过程的“预期结果”称为输出（3.7.5），还是称为产品（3.7.6）或服务（3.7.7），随相关语境而定。
>
> 注 2：一个过程的输入通常是其他过程的输出，而一个过程的输出又通常是其他过程的输入。

注 3：两个或两个以上相互关联和相互作用的连续过程也可作为一个过程。

注 4：组织（3.2.1）通常对过程进行策划，并使其在受控条件下运行，以增加价值。

注 5：不易或不能经济地确认其输出是否合格（3.6.11）的过程，通常称之为“特殊过程”。

注 6：这是 ISO/IEC 导则 第 1 部分 ISO 补充规定的附件 SL 中给出的 ISO 管理体系标准中的通用术语及核心定义之一，最初的定义已经被改写，以避免过程和输出之间循环解释，并增加了注 1 至注 5。

我们知道，“要求 requirement”也有预期的含义。因此从字面上看，过程和要求之间的关系是：过程是满足要求（提供预期结果）的方法和途径。这是质量管理体系采用过程方法的语言基础，即用英语表达无须术语说明，人们也能理解这些词语的含义，以及它们之间的关系。

过程有 4 个特点：①过程是“一组活动”；②其目的是“利用输入提供预期结果”；③策划过程时，根据预期结果确定活动（先有目标再决定怎么干）；④活动之间也相互关联或者相互作用，这与前文所述“过程内部多项活动之间相互关联”的意思相同。

很多情况下，我们的预期就是顾客的要求。例如，我们希望供应商按时为我们提供物料，是因为我们必须准时向顾客交付产品。

“注 1”说明几种可能的“预期结果”，这对我们确定过程的预期有一定的帮助。

“注 2”说明输入的来源和输出的去向。这一点对使用过程方法和建立管理体系都非常重要。

“注 3”实际上引入了一个“子过程”的概念。如果两个或两个以上相互关联和相互作用的连续过程（A、B、C 过程）属于一个过程（D 过程），那么 A、B、C 过程就是子过程。利用子过程可以提高建立体系的效率。例如，A 过程不仅可以用在 D 过程中，还可以用在 K 过程、R 过程等。这就好比我们乘飞机或高铁时都要经历检票过程和安检过程一样。

“注 4”说明过程的目的是增加价值。策划和执行过程时，通常需要规避风险，确保条件可控。“可控”和“增值”是所有过程的控检点。

“注 5”说明“特殊过程”的含义。这是另外一种过程分类方法，即区分特殊过程和非特殊过程。结合上述分类方法，可以产生四种类型的过程组合（表1-1）。一般情况下，中小企业验证输出是否合格的能力比较弱，应更加重视“关键的特殊过程”的输出。

表 1-1　四种类型的过程

类型		关键性	
		非关键	关键
特殊性	特殊	特殊、非关键	特殊、关键
	非特殊	非特殊、非关键	非特殊、关键

质量管理体系中，大多数过程都属于非特殊且非关键过程，而其他三类过程则需要更多的监视、测量和控制。同样，我们可以在本节第四小节“过程模型”中确定这些特点。

将上述两个定义结合在一起，才能完整地理解过程。

二、过程方法

从贯标组织的角度看过程方法，可以将其归结为一句话：组织内部的所有预期结果，都是通过“过程方法”的形式实现的。例如，当预期结果是“确定顾客需求”时，利用过程方法达成；又例如，当预期结果是“将产品和服务提供给顾客”时，同样需要使用过程方法来实现。

从标准编写者的角度看，国际标准化组织的专家对“过程方法”这件法宝可谓深信不疑，因为标准文件完全遵循这种思路。例如，在《要求》“4　组织环境”中，可以看出编写者反复斟酌思考如何以过程方法的方式向组织提出各项要求。这包括怎样规定输入、怎样规定输出，以及须要关注哪些控制和检查点等等。某个要求应该放在哪个位置？编写者也必须仔细考虑。同时，编写者还必须权衡取舍，保留重要的因素，剔除次要的因素，确保最大限度地发挥过程方法的优势。

组织按照标准建立管理体系，必然需要深刻认识、理解过程方法。

> 0.3.1 总则
>
> …………
>
> 在质量管理体系中应用过程方法能够：
>
> a）理解并持续满足要求；
>
> b）从增值的角度考虑过程；
>
> c）获得有效的过程绩效；
>
> d）在评价数据和信息的基础上改进过程。
>
> …………

以上是过程方法的四个作用，我们应经常对照检查，充分发挥“过程方法”这件法宝的巨大作用。

三、预期

我们来看《现代汉语词典》中的两个词：第一个是“预期”，意思是“预先期待”；第二个是“期望”，意思是“对未来的事物和人的前途有所希望和等待”。

在多数情况下，“期望”是发自内心希望发生对自己有利的事情。比“期望”更强烈的词是“盼望”。而“预期”只是根据经验，猜测可能发生的各种事情。比“预期”更中性的词有“预估”“预计”。

让他人协助实现个人“期望”，涉及术语“要求”；而让组织通过适当的活动达成组织的“预期”则涉及“标准的要求”。

按照过程的定义，谈到过程时，首要考虑的往往是“预期”。由过程组成的质量管理体系几乎可以看作是一个“预期”管理体系：

- 如前文所讨论，预期与过程、与要求、与活动等重要概念之间存在紧密联系；
- 组织的方针决定了组织的预期；
- 目标和目的是特定类型的预期；
- 预期的达成往往会受到各种风险的影响；
- 过程的结果可能是“达成预期”（合格）或者“未达成预期”（不合格），判断结果需要一个准则。

目标也是一种“预期”，质量管理体系同样可以管理我们的目标，帮助我们实现目标。

“缺陷”“确认”“能力”等术语都与预期有关。

既然有“预期结果”，自然会有“非预期结果”，即“不合格”。在这一方面，质量管理体系提供了一种在提供产品和服务方面，针对预期和非预期结果的确定所采取的措施。标准中唯一表示未达成预期结果的词汇是“不合格”，而没有使用有多种含义、大多数人习惯使用的“问题”一词。

表 1-2 是术语“管理体系”“过程”和“要求”的对照表，其中，注 1—5 表示术语的一些次要特征。

表 1-2“管理体系”“过程”“要求”对照

项目	管理体系 Management System	过程 Process	要求 Equirement
属性	相互关联或相互作用的一组要素	相互关联或相互作用的一组活动	需求或期望
主要特征	组织建立方针和目标以及实现这些目标的过程	利用输入实现预期结果	明示的、通常隐含的或必须履行的
注 1	一个管理体系可以针对单一的领域或几个领域，如质量管理、财务管理或环境管理	过程的“预期结果”称为输出，还是称为产品或服务，随相关语境而定	“通常隐含”是指组织（3.2.1）和相关方（3.2.3）的惯例或一般做法，所考虑的需求或期望是不言而喻的
注 2	管理体系要素规定了组织的结构、作用和责任、策划、运行、方针、惯例、规则、理念、目标以及实现这些目标的过程	一个过程的输入通常是其他过程的输出，而一个过程的输出又通常是其他过程的输入	规定要求是经明示的要求，如：在成文信息中阐明
注 3	管理体系的范围可能包括整个组织，组织的某项特别的职能，组织的某个特别的部门，或组织的单一职能或跨职能团队	两个或两个以上相互关联和相互作用的连续过程也可属于一个过程	特定要求可使用限定词表示，如：产品要求、质量管理要求、顾客要求、质量要求
注 4	—	组织通常对过程进行策划，并使其在受控条件下运行，以增加价值	要求可由不同的相关方或组织自己提出
注 5	—	不易或不能经济地验证其输出是否合格的过程，通常称之为“特殊过程”	为实现较高的顾客满意，可能有必要满足那些顾客既没有明示，也不是通常隐含或必需履行的期望

简而言之，顾客提出要求，组织建立体系，体系建立过程，过程提供预期结果，满足要求，实现组织目标（预期）。这一关系是通过术语的定义形成的，涵盖了顾客、组织、体系、过程、预期和要求之间的关系，完全符合质量管理体系模型。

四、过程模型

过程模型分成6个部分，包括8个元素（图1-3）：

①输入源：前序过程，例如内部或外部供方、顾客或其他有关相关方的过程。

②输入：物质、能量、信息，例如以材料、资源或要求的形式存在。

③开始。

④活动。

⑤结束。

⑥输出：物质、能量、信息，例如以产品、服务或决策的形式存在。

⑦输出接收方：后续处理，例如内部或外部顾客或其他有关相关方的过程。

⑧可能用于监视和测量绩效的控制和检查点。

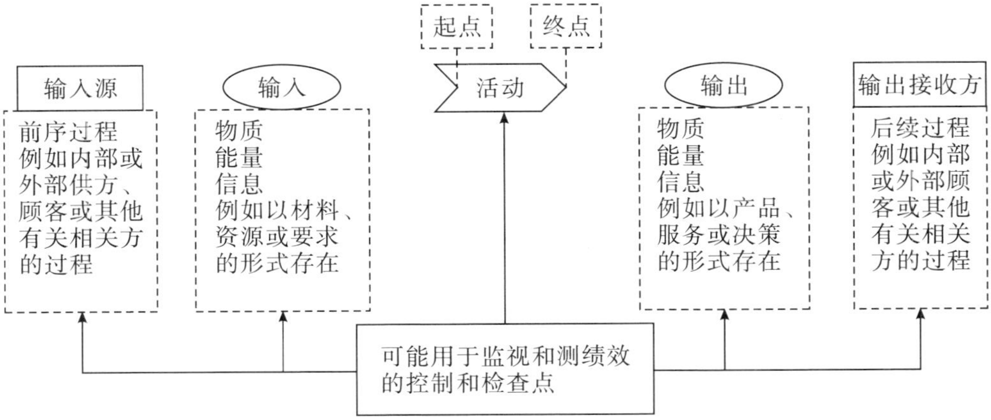

图1-3 单一过程要素示意图[①]

输入和输出的类型相同，但标准中选用的代表示例不同。标准“7.1 资源”详细介绍了管理体系的各类资源。

① 该图见于《要求》第Ⅶ页。

组织中具备以上特征的活动就是过程。反之，标准中要求的过程，都应具有这些特征。牢记这8个元素及其含义，才能真正发挥“过程方法”这一法宝的作用。

下面以到电影院买票为例，说明这些元素的含义。

一部新电影上映前，电影院需要一个放映策划过程：确定电影的播放时间，选择播放的演播厅，配置放映设施，安排放映人员，设定票价和售票装置。

在这个实例中，可以看到过程模型的 8 个元素如何应用：

- 输入源：放映策划过程；
- 输入：电影的放映信息，包括电影名称、放映时间、演播厅信息和票价、买票者（资源 / 人员）等；
- 活动：确定电影名、确定时间、付款；
- 输出：电影票；
- 输出接收方：看电影过程；
- 控检点：是否有我们喜欢的位置？从策划到开始放映，需要等待多长时间？是否会影响我们后面的安排？输出的电影票数量是否正确？

值得一提的是，输入源和输出接收方这两个元素还为我们提供了一个重要的沟通方法。在标准要求沟通的场合，不要忘记这个方法。有人说，企业里 70% 的问题（不合格）是由于沟通不佳引起的。因此，只要熟练掌握输入源和输出接收方这两个过程元素，组织的沟通将得到显著改善，从而推动绩效的提升。这也是过程能够跨越职能界限，打破“部门墙”的重要原因。

最后，我们需要强调“可能用于监视和测量绩效的控制和检查点”的重要性。它涉及过程模型的其他 5 个部分。如图 1–3 所示，模型中用 5 条带箭头的线从最下方的框指向其他 5 个部分。“活动”“输入源”等另外 5 个部分中需要“控制和检查点”，都放在此处。如在确定输入源时的“控制和检查点”、在活动时的“控制和检查点”等。这样的结构可以保证过程文件的简洁性。

“控制和检查点”通常是一些过程的限制条件，也就是与输入源、输入、活动等相关的需要考虑的各种因素，通常涉及思维和决策，而不是具体的操作。上述购买电影票的过程中，涉及三个与活动有关的、一个与输出有关的控制和检查点。为方便说明，本书将模型中有“可能用于监视和测量绩效的控制和检查点”文字的方框称为“控检框”，把“控制和检查点”称为“控检点”。

图 1–4 是本书按照标准“4.1　理解组织及其环境”的要求绘制的过程图。控检框中的内容是确定内部环境因素的两个限制条件，符合条件的内部环境因素才能录入《内部因素识别表》，成为输出的一部分。

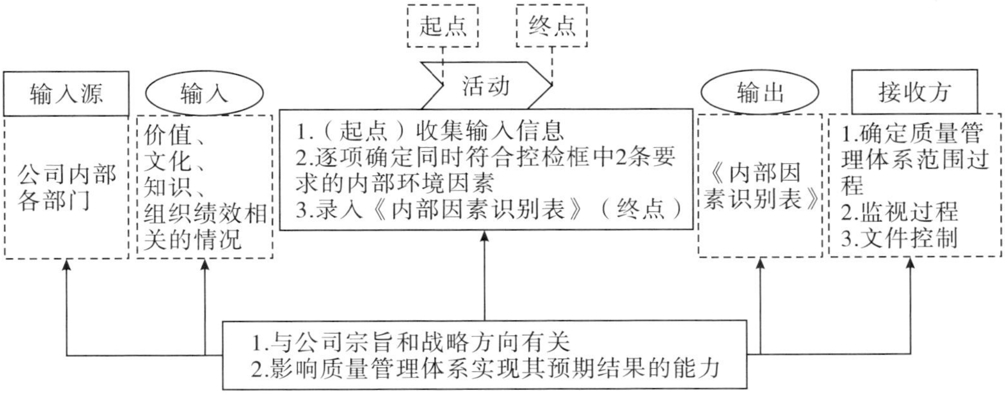

图 1–4　确定内部环境过程

需要注意的是，确定内部环境的过程图（图 1–4）和标准的过程图（图 1–3）有一处不同——在活动框与控检框之间增加了一个框。这是因为标准中的过程模型是单一过程模型，也就是说，每个过程只包含一项活动。而在实际中，我们常常会将多个活动合并在一个过程中。因此，我们通过增加一个框，将一个过程的全部活动都包含其中。

读者务必牢记过程模型和 PDCA 循环，并养成一种思考习惯。当我们能够自如地理解和运用输入、活动、输出、策划、实施、运行、风险等概念时，才算真正掌握过程方法和过程模型。

然而，要使过程方法和过程模型“落地生根”，还需要大刀阔斧改革的勇气和决心。由过程构成的质量管理体系与不少组织（企业）现行的运作方式存在一些差异。组织必须拥有坚定的信心和战胜困难的决心，勇敢地作出重大改变，放弃一些延续多年的方法。唯有如此，按照标准建立、实施质量管理体系才能获得预期的收益。

以下是“过程方法可开展的活动”。

> 2.3.4.4　可开展的活动
>
> 可开展的活动包括：
>
> ——确定体系的目标和实现这些目标所需的过程；
>
> ——为管理过程确定职责、权限和义务；
>
> ——了解组织的能力，预先确定资源约束条件；
>
> ——确定过程相互依赖的关系，分析个别过程的变更对整个体系的影响；
>
> ——将过程及其相互关系作为一个体系进行管理，以有效和高效地实现组织的质量目标；
>
> ——确保获得必要的信息，以运行和改进过程并监视、分析和评价整个体系的绩效；
>
> ——管理可能影响过程输出和质量管理体系整体结果的风险。

第五节　活　动

标准的每一项要求至少包括一项活动，如“组织应确定……”中的“确定”或“最高管理者应通过以下方面，证实……”中的“证实”。这些活动位于过程模型“输入”和“输出”之间，是每一个过程的核心。高质量的活动能够确保实现预期结果，省去返工等补救环节。活动的特性与这一节另外两段：5W2H及标准的编写特点紧密相关。鉴于其在质量管理体系中的重要性，我们在这一节专门讨论活动。

一、活动

《基础和术语》中只有一个与项目管理有关的活动的术语，没有过程模型中的活动的术语。以下是“2.4　运用基本概念和原则建立质量管理体系”中描述活动的条文。

2.4.1.4 活动

组织的人员在过程中协调配合，开展他们的日常活动。依靠对组织目标的理解，某些活动可被预先规定。而另外一些活动则是由于对外界刺激的反应，来确定其性质并予以执行。

标准中“活动”对应的英文单词是“activity”，中文有“工作”的意思。因此，“日常活动”即“日常工作”的意思。标准要求“确定”，就是要求完成“确定”所指的这项工作。

上述条文把活动分为两类：“预先规定”和“刺激的反应”。通俗地讲，前一类是为了达到某一个目的（包括对组织目标的理解）而主动进行的活动；而后一类是由于一些特殊的原因，经过判断而必须开展的活动，是被动的。

这是活动的特征。当活动作为过程方法和过程模型的重要组成部分时，这些特征也随之被带入到过程方法中，并且形成“活动 + 目的”和“原因 + 活动”等标准要求模式。

其他过程模型的元素，也有类似的情况。因此，在考虑过程时，除了要考虑过程模型的元素，还要考虑每个元素的特征，尤其是那些重要的元素的特征。理解这一点，将有助于我们学习标准。

以下面这一条标准要求为例：

8.1 运行的策划和控制

…………

组织应控制策划的变更，评审非预期的变更的后果，必要时，采取措施减轻不利影响。

…………

这一项要求里面包括“控制”“评审”“采取措施”和“减轻”四项活动。

特别值得关注的是后半句“采取措施减轻不良影响”，它包含两个意思：①根据“评审”活动的结果，决定要不要“采取措施”活动（刺激的反应）。“评审”和“采取措施”两个活动相互关联、相互作用。②“采取措施”是活动，“减轻”也是活动，第二个活动是第一个活动的目的（预先规定）。

这是一条比较复杂的标准要求，它对我们理解过程是“相互关联和相互作用的一组活动”有一定的帮助。

标准条文中包含 90 多种活动。我们统计了相关的词语在标准正文中出现的次数，列出了最多的 10 组词语（表 1-3）。

表 1-3 标准中活动出现次数排前 10 位的词语

词组	次数
确定	59
确保	46
提供	45
控制	39
措施	37
实施	34
保持	31
评审	28
满足	25
策划	24

这些词语在标准中并非都是动词，但它们仍然是标准中比较多的活动，可以作为建立和实施质量管理体系时考虑的重点。

需要特别说明的是“确保”这一项活动。根据《现代汉语词典》的定义，“确保”的意思是“确实地保持或保证”，这比一般的保持和保证要求更高。组织若要做好“确保”这项活动，可以学习毛泽东写于 1947 年《目前形势和我们的任务》一文中提出的十大军事原则中的第四条：“每战集中绝对优势兵力（两倍、三倍、四倍、有时甚至是五倍或六倍于敌之兵力），四面包围敌人，力求全歼，不使漏网。”历史证明，这是确保胜利的最佳方式，也是应对各种不确定性的最佳策略。组织应将此思想作为分配资源的指导原则。

标准中要求“组织”必须确保满足各项要求。组织宣称按照标准建立质量管理体系之后，即意味着组织对外承诺将确保满足标准的各项要求，满足要求成为组织的责任。如果有不合格的情况，特别是系统性的不合格，组织将面临巨大的法律风险。为避免这种法律风险，组织要定期评审自己是否完成质量管理体系中要求确保的内容。

标准中共有 46 处包含“确保”一词的要求。其中，有一部分采用“以确保……”

这样比较强烈的措辞来表示体系、过程、产品和服务的目的；另有一部分用“应确保……”等标准要求的方式表示要达成的目的。这些目的，正是体系、过程希望达到的结果，并且其中有不少是管理体系各个层次的目标。我们可以从中选出各个层次的质量目标。例如，“8.4.1 总则 组织应确保外部提供的过程、产品和服务符合要求……”就是一项关于外部供方管理的目标。

具有“确保”这项要求的过程通常都是关键过程，甚至是特殊且关键过程。因此，内部审核和管理评审时，应将其作为重点来处理。

二、5W2H

5W2H 不是标准的要求，仅供读者参考。每个过程至少包含一项活动，可以说，活动的质量决定了过程的质量，且会最终影响管理体系的有效性。为了提高活动的质量，所有的活动都应该充分考虑以下 7 个因素：

- Who（谁）——由谁来做？需要什么知识和能力？角色是什么？有哪些职责和权限？在这个过程中，人员以一类资源的形式作为输入元素参与。
- Why（为什么）——活动的目的或原因，即上文所提到的“活动”的两种情况。
- When（时间）——开始时间、结束时间以及活动所需的时间。
- Where（地点）——在什么地点？多大的场所？有什么特殊要求？这也可以理解为标准中的“过程运行环境”。
- What（内容）——做什么事情？
- How（如何）——怎样做？（即具体实施的方法，见《要求》4.4.1c）
- How much（多少）——做多少？做到什么程度？在什么情况下开始做？用多少资源？（即准则和权限，见《要求》4.4.1c 和 4.4.1e）

5W2H 是一种思考的方法。它简单、方便，并广泛应用于企业管理和技术活动中，有助于防止在考虑问题时出现疏漏。例如，“6.2.2 策划如何实现质量目标时，组织应确定……”中提到了 5W2H 之中的 5 项；“7.4 沟通”中提到了其中的 4 项，而且“Who（谁）”这一因素提到两次——一次作为输入源，一次作为接收方。

其中，“5W”主要用于策划方面；“How”用于执行方面，即活动的方法；“How much 主要是作为判断的依据，也就是《要求》中的准则，也用于评估成本及效益。

以某公司的风险评估（活动）为例：

①做什么（What）：评估设备运行的风险，发生故障的可能性和性质；

②为什么（Why）：合理安排人员及备件；

③谁（Who）：韦工；

④时间（When）：周五；

⑤地点（Where）：厂内及客户处的设备；

⑥如何（How）：按风险函数计算风险值（输出），然后（下一个过程）按风险值安排具备相应能力的员工、准备备件；

⑦多少（How much）：按风险值将设备风险分为高、中、低三档，一周评估一次。

读者可以首先运用过程方法，牢记过程模型的 8 个元素，然后再使用 5W2H 方法来分析活动，从而迅速培养新的思考习惯。

三、标准的要求的几种主要模式

质量管理体系标准的各项要求始终以“过程方法”为基础，这为我们学习质量管理体系标准提供了极大的便利。因为过程方法和过程模型所具有的特点，标准的要求形成 4 种主要模式：输入 + 活动 + 输出，活动 + 目的，原因 + 活动，条件 + 活动。

①“输入 + 活动 + 输出”模式

这种模式包括过程模型中的 3 个元素。标准“9.3 管理评审”便是“输入 + 活动 + 输出”模式。

> 9.3.2　管理评审输入
>
> 策划和实施管理评审时应考虑下列内容：
>
> a）以往管理评审所采取措施的情况；
>
> …………
>
> 9.3.3　管理评审输出
>
> 管理评审的输出应包括与下列事项相关的决定和措施：
>
> a）改进的机会；
>
> …………
>
> 组织应保留成文信息，作为管理评审结果的证据。

标准的这一节规定了“管理评审过程”中输入和输出的控检点。我们要做的，仅仅是开展“管理评审活动”，即逐项评审“输入”是否符合输入控检点的要求，然后输出符合输出控检点的“输出”，也就是评审的结论。

②“活动 + 目的”模式

标准中有两种表示目的的方式：对于管理体系和过程等抽象的概念，使用“预期结果”来表示目的；对于产品和服务等则使用“目的”。我们在谈到要求的模式时，统一采用“目的”一词。

这将活动分为了两种类型：某些活动是被预先规定的，并且依赖于对组织目标的理解；另外一些活动则是通过对外界刺激做出反应的结果。“活动 + 目的”属于前一类，“原因 + 活动”和“条件 + 活动”属于后一类。

“活动 + 目的”模式的标准要求比较多。根据中文的表达习惯，标准中有 15 处用“以确保……”表示目的的条文，有 8 处用“作为……”表示目的的条文，还有 10 多处用“以满足……”等各种词语表示目的的条文。而另外一些活动则是根据外界刺激确定其性质并予以执行。

这一类“目的”在标准中一部分是过程的输出，一部分是控检点。

> 9.3.1 总则
>
> 最高管理者应按照策划的时间间隔对组织的质量管理体系进行评审，以确保其持续的适宜性、充分性和有效性，并与组织的战略方向保持一致。

这是一种“活动 + 目的”的模式。其中，“评审”是活动，评审结论是输出；“确保”的内容是目的，“按照策划的时间间隔”是一个限制条件，并且“与组织的战略方向保持一致”一起，形成管理评审过程的三个控检点。

③“原因 + 活动”模式

> 4.2 理解相关方的需求和期望
>
> 由于相关方对组织稳定提供符合顾客要求及适用法律法规要求的产品和服务的能力具有影响或潜在影响，因此，组织应确定：
>
> a）与质量管理体系有关的相关方；
>
> b）与质量管理体系有关的相关方的要求。
>
> 组织应监视和评审这些相关方的信息及其相关要求。

这是一种“原因 + 活动”的模式。

标准中的这一类“原因”，也是管理体系运行过程中的“控检点”。在确定相关方和相关方的要求时，只需考虑“对 ×× 公司稳定提供符合顾客要求及适用法律法规要求的产品和服务的能力具有影响或潜在影响”的相关方及其要求，忽略其他的相关方及其要求。

原因和目的对应 5W2H 中的“Why（为什么）”。如果我们不考虑标准的编写模式，可能忽略“活动”中的这些差异，最终影响对质量管理体系标准的理解。

④“条件 + 活动”模式（条件语句，见图 1–5）

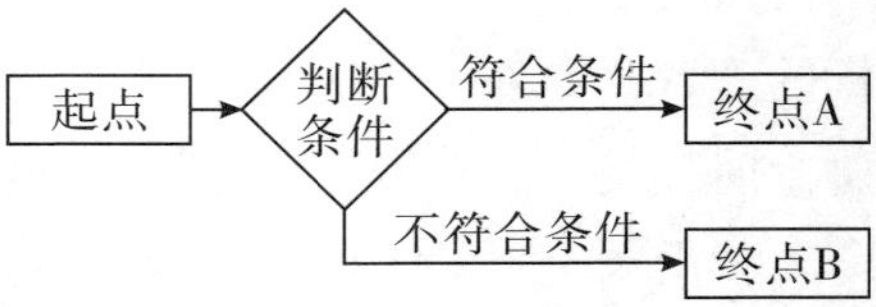

图 1–5　条件语句

广东人喜欢泡茶。有一种电水壶很方便，当水烧开了，它会自动切断电源，无须担心壶里的水被烧干，甚至烧坏水壶。这是因为壶的底部安装有一个温度传感器，当水烧开时（温度达到 100℃，即满足了特定“准则 /How much”），传感器发出信号，电路断开。在各种控制系统的程序中，这叫“条件语句”，是最初级的人工智能应用——机器代替人类做判断。

> 8.1　运行的策划和控制
>
> …………
>
> 组织应控制策划的变更，评审非预期的变更的后果，必要时，采取措施减轻不利影响。
>
> …………

这一条的最后一部分采用了“条件 + 活动”模式。“必要时”是条件，在满足条件的情况下“采取措施”。这也是最常见的一种条件语句。从活动的角度讲，这一类型活动的条件是外部刺激。

管理体系中的过程有很多准则。每一次依据准则判断时，都会产生两种可能的结果：符合和不符合准则。无论是哪种可能的结果，都会成为某项活动的外部刺激。因此，这一模式的标准要求也相对较多。例如，根据检验准则，来料检验过程中的检验活动可能产生两种结果：

①判定来料合格，确定来料及送货单等其他输出，进入入库过程。

②判定来料不合格，有两种可能的选择：

a．经过授权人员同意，进入特采过程，对特采过程中的活动是外部刺激；

b．直接退回供应商，对退货过程中的活动是外部刺激。

以上是从理解标准的角度讨论标准的编写模式。这种理解可以在建立和实施质量管理体系时派上用场，最大限度地发挥过程模型和管理体系模型的作用。

第六节　基于风险的思维

为什么会有一些工作不合格？例如，产品的开发和设计不能按时完成并且出现设计多处变更、供应商未能按时交货、产品未能按时交付给客户等问题。

标准《要求》的引言“0.3　过程方法”简单介绍了过程方法、PDCA 循环和基于风险的思维，其中，“0.3.3　基于风险的思维”详细探讨了上述问题。

> 0.3.3　基于风险的思维
>
> 基于风险的思维（见 A.4）是实现质量管理体系有效性的基础。本标准以前的版本已经隐含基于风险思维的概念，例如：采取预防措施消除潜在的不合格，对发生的不合格进行分析，并采取与不合格的影响相适应的措施，防止其再发生。
>
> 为满足本标准的要求，组织需策划和实施应对风险和机遇的措施。应对风险和机遇，为提高质量管理体系有效性、获得改进结果以及防止不利影响奠定基础。
>
> 某些有利于实现预期结果的情况可能导致机遇的出现，例如：有利于组织吸引顾客、开发新产品和服务、减少浪费或提高生产率的一系列情形。利用机遇所采取的措施也可能包括考虑相关风险。风险是不确定性的影响，不确定性可能有正面的影响，也可能有负面的影响。风险的正面影响可能提供机遇，但并非所有的正面影响均可提供机遇。

我们知道，管理体系标准的要求实际上是从第 4 章开始的。但是，上述内容被放在标准的引言部分，紧跟在质量管理七大原则、过程方法（包括 PDCA 循环）之后，足见其重要性。

“0.3.3　基于风险的思维”有三段。第一段强调了基于风险的思维对实现质量管理体系的有效性至关重要，并简要说明了它在以往标准版本中的处理方式；第二段提出了“策划和实施应对风险和机遇的措施”的要求；第三段前半部分强调了机遇的价值或者意义，而后半部分则解释了风险的定义及三个特性。

以上这些基本上是概括性说明，要真正理解风险，需要学习更为严格的标准术语。

3.7.9　风险　risk

不确定性的影响

注1：影响是指偏离预期，可以是正面的或负面的。

注2：不确定性是一种对某个事件，或是事件的局部的结果或可能性缺乏理解或知识方面的信息（3.8.2）的情形。

注3：通常，风险是通过有关可能事件（GB/T 23694—2013中的定义，4.5.1.3）和后果（GB/T 23694—2013中的定义，4.6.1.3）或两者的组合来描述其特性的。

注4：通常，风险是以某个事件的后果（包括情况的变化）及其发生的可能性（GB/T 23694—2013中的定义，4.6.1.1）的组合来表述的。

注5：“风险”一词有时仅在有负面结果的可能性时使用。

注6：这是ISO/IEC导则　第1部分ISO补充规定的附件SL中给出的ISO管理体系标准中的通用术语及核心定义之一，最初的定义已经通过增加注5被改写。

查阅《牛津高阶英汉双解词典》，risk没有“不确定性的影响”这一解释。因此，对大多数人来说，风险是一个全新的概念，必须从零开始理解。

风险本质上是一种“影响”，但这个“影响”带有一种特殊性质，即它是“不确定性的影响”。请注意，标准中“影响”是一种非常重要的考虑因素。

我们再看一下附注中的解释。

注1：“影响是指偏离预期，可以是正面的或负面的。”

首先，影响是相对于某种预期而言的，对于那些既成事实，不需要考虑影响，也无所谓风险。而在管理体系中，过程的主要作用是提供预期结果。可见，组织需要考虑的是风险对过程的影响。本章第四节提到“质量管理体系几乎可以看作是一个‘预期’管理体系”，组织自然要控制风险，防止偏离预期。

其次，偏离预期的影响可以是正面的或负面的（图 1-6）。举例来说，某先生和外地的客户约好了见面洽谈的时间，需要搭乘飞机去往外地。驾车从他单位顺利到机场的时间大约为 60 分钟，但因为路上有堵车的风险，他提前 20 分钟从单位出发，预计路途为 80 分钟，以确保在机场停止办理登机手续之前（预期）到达机场。如果遇到严重堵车，他可能无法赶在机场停止办理登机手续之前到达机场（终点 B，正面偏离）；如果路途顺畅，他可能提前 20 分钟到达机场（终点 A，负面偏离）。注 2 提示了风险产生的原因。

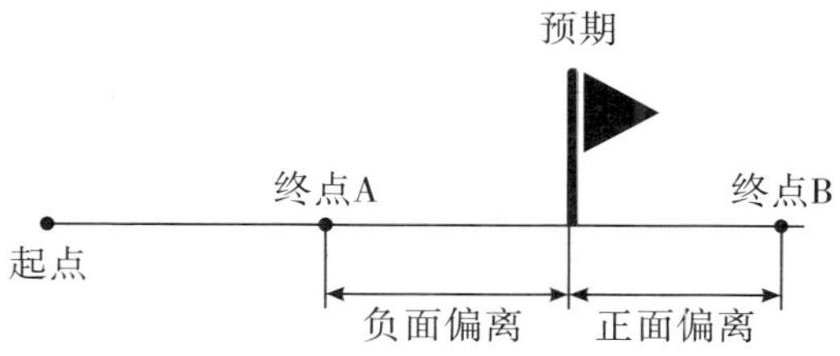

图 1-6 偏离预期

不确定性是一种状态。即在这种状态下，我们对某个事件，或是事件的局部的结果或可能性缺乏理解或知识。表 1-4 说明了不确定性的四种状态。

表 1-4 不确定性的四种状态

状态	理解	知识
事件（一种机器）的结果 / 可能性	深刻 / 一般 / 浅薄	全面 / 一般 / 欠缺
事件的局部（机器的一个机构）的结果 / 可能性	深刻 / 一般 / 浅薄	全面 / 一般 / 欠缺

这一条和我们通常对风险的认知完全不同。它强调了我们必须理解和学习我们面对的事件。此外，它提醒我们应对风险的措施也分为两类：加深理解、增加知识。例如，可以加深对需求的理解、增加产品生产工艺知识等。回到上述的例子，那位先生可以在出发前查看手机导航应用 App，了解即时路况。

注 3 介绍了通常用来描述风险特性的方法。例如，物料采购存在延迟到货的风险，但如何描述这种风险的特性呢？有以下三种方式：

有关可能事件，例如无法按计划完成装配；

有关可能事件的后果，（无法按计划完成装配的后果是）无法按时交货；

上面两种方法的组合，无法按计划完成装配，并且不能按时交货。

第三种实际上是风险导致的最坏结果。

在日常生活中，人们通常都有一定的风险意识，例如上下班路途的风险。上班路途比较远，不知道能否按时赶到公司；下班时是交通高峰期，道路拥堵，不知道什么时候能够到家，是否来得及给家人做饭，辅导孩子学习。

企业经营的情况要复杂得多，尤其是随着企业规模的扩大，经营复杂程度快速增长。如果工作中存在某种风险，而我们由于缺乏“基于风险的思维”，未能及时察觉，导致出现差错，可能事件变成了不合格。这时候，早期的风险就会像病毒一样不断变异：一个不合格导致另外一个不合格（后果 1），第二个不合格又会产生第三个不合格（后果 2），以此类推，原来的预期就会变得越来越遥不可及。这也从反面证明了“为实现有效的质量管理体系，基于风险的思维是必要的”这一结论的正确性。

注 4 是关于风险的表述方法：如果某个事件有 2 种后果（包括情况的变化），有两种发生的可能性，那么这种风险可以用 4 种组合表述，即风险的 4 个特性值（表 1–5）。

表 1–5　风险的表述方法（特性值）

风险		后果	
		一般	严重
可能性	大	中	最高
	小	最低	中

在企业或者其他形式的组织里，沟通是非常重要的活动。通常情况下，组织内部沟通不畅是因为表述方法存在差异，各说各话。因此，在建立和实施质量管理体系过程中，要注意统一表述方法。

注 5 说明“风险”一词有时仅在有负面结果的可能性时使用。这说明大多数人都是厌恶风险的。需要注意的是，这里的“负面结果”，和前文中的“负面偏离”不同。

以下是一个基于风险的思维的应用示例。

①利用表 1–5 中的风险特性值，计算设备的风险，并将其结果分为高、中、低三档。

②将某个车间的设备按风险值高低分别用不同的图案表示，参考图 1–7。

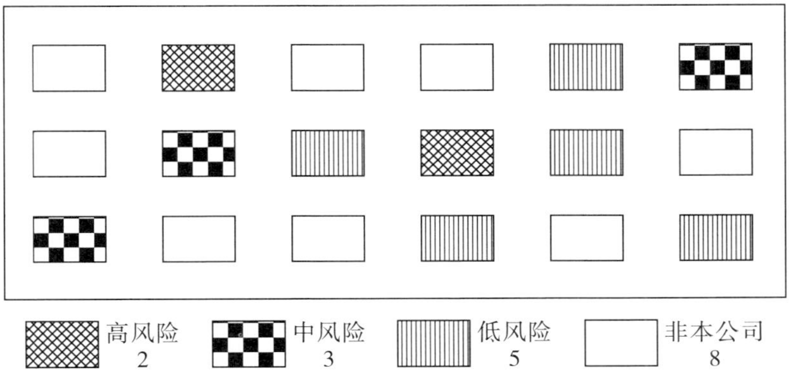

图 1-7　A 公司某车间设备风险

③根据风险图合理安排人员和备件。对于风险高的设备，应安排技术水平高的售后服务人员，并确保能够及时获得关键的备件；而对于风险低的设备，则可以安排初级技术人员进行维护，备件可以存放在比较远的地方。

通过这种方法，可以大幅提高人员和备件的使用效率，从而提高组织的管理体系效率。

读者可以从这里就开始建立和实施质量管理体系，无须等到学习完标准的全部要求。我们将这一方法称为“边学边建，学完建好”。

第二章 组织环境

构建有效的质量管理体系始于对组织环境的深刻理解。在本章中，我们将迈出效仿成功组织的第一步，通过探讨组织内外部环境、理解相关方的需求和期望、确定质量管理体系范围及其过程，将质量管理体系建立在对标准的正确理解的坚实基础之上，以确保管理体系的有效性。

第一节 内外部环境

人们常说：要事第一。管理体系标准的第一条要求就讨论组织的内外部环境，说明内外部环境对组织的成功至关重要。标准《要求》“4.3 确定质量管理体系的范围”和“6.1.1 在策划质量管理体系时……”中都引用了这一部分的内容，足以证明其重要性。

本节讨论如何确定组织内外部环境，涵盖确定、监视、评审三个术语，最后介绍了“体系漏斗”方法。本节涉及内容广泛，与标准后续章节相关联，相应的篇幅也比较长。

> 4.1 理解组织及其环境
>
> 组织应确定与其宗旨和战略方向相关并影响其实现质量管理体系预期结果的能力的各种外部和内部因素。
>
> 组织应对这些外部和内部因素的相关信息进行监视和评审。
>
> 注 1：这些因素可能包括需要考虑的正面和负面要素或条件。

注 2：考虑来自于国际、国内、地区或当地的各种法律法规、技术、竞争、市场、文化、社会和经济环境的因素，有助于理解外部环境。

注 3：考虑与组织的价值观、文化、知识和绩效等有关的因素，有助于理解内部环境。

“4.1 理解组织及其环境”这一部分属于标准的正文，内容相对简单，包括两项要求、三种活动以及两个限制条件（控检点）（见图 1-1 左上方）。

这一过程的前提条件是组织具有明确的宗旨和战略方向，其关键是相关人员充分理解两个限制条件，并且具备正确确定内部和外部环境的能力。这一过程的输出是组织质量管理体系策划、实施、运行的基础。

举例来说，春节、国庆等长假正式放假的前后两三天，高速公路会比较拥堵。如果企业有长途货运的需求，应提前策划，避开这一类特殊时间，否则将找不到愿意承接订单的运输公司。

一、确定情况

针对标准的第一项要求，可以用图 2-1 来说明其中各个部分之间的逻辑关系：

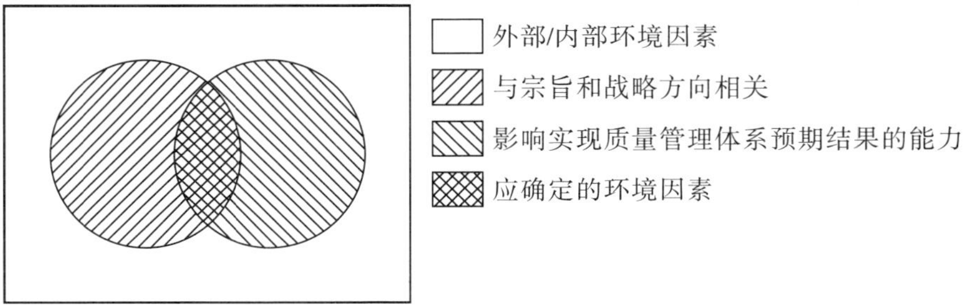

图 2-1 组织环境

图2-1中，最外圈的矩形代表组织的全部外部或内部环境因素。其中包含2个限制条件：“与宗旨和战略方向相关”和“影响实现质量管理体系预期结果的能力”，用2个圆形表示，2个圆形重叠的部分是组织必须确定的外部或内部因素。

本书图 1-4 是“确定内部环境因素过程”（见第一章），图 2-2 则是“确定外部环境因素过程”，其各部分内容的说明如下：

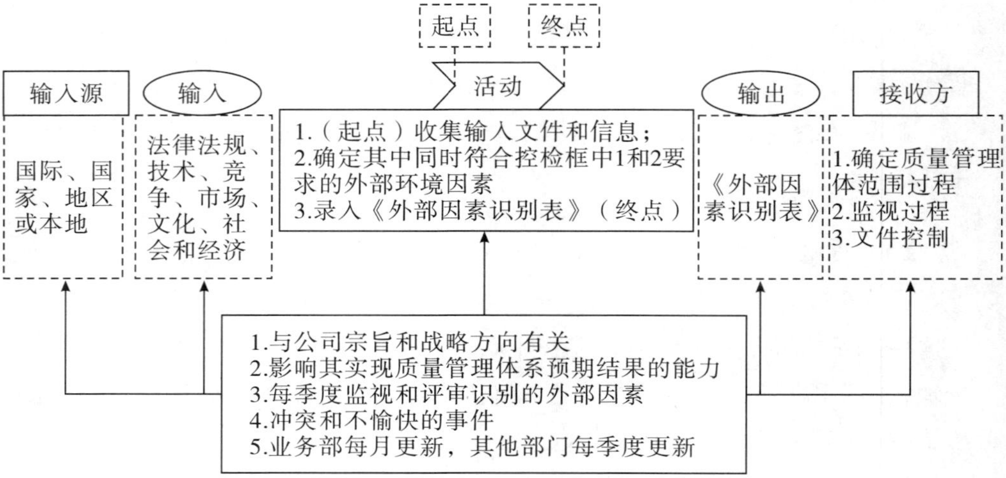

图 2–2　确定外部环境过程

①输入源是注 2 中的内容；

②输入是从输入源获得的文件和信息；

③活动是“确定外部环境因素”；

④输出《外部因素识别表》；

⑤输出接收方有三个：

a．确定边界和适用性过程

b．监视过程

c．文件控制

⑥控检点有四个：

a．与公司宗旨和战略方向有关

b．影响公司实现质量管理体系预期结果的能力

c．监视和评审识别的外部因素（根据这一条确定监视过程为输出接受方）

d．注 1 是过程输出的控检点

值得注意的是，这一条标准的要求，几乎涵盖了两个过程的所有过程元素，是一个非常好的过程方法的范例。此外，图 1–4 和图 2–2 还充分利用了标准中“注”的信息。可见，在建立质量管理体系时，标准的每一句话都具有意义和价值。可以说，在编写标准时，过程方法被发挥到了极致。读者在建立体系过程中遇到困难时，可以从这 2 个图里寻找灵感。

内因和外因是唯物辩证法关于事物发展原因和动力的一对基本概念，表 2-1 列出了实际管理过程中常见的外因和内因。内因和外因的辩证关系是：

①内因是事物发展变化的基础，决定了事物发展的基本趋势和方向；

②外因是事物发展变化不可缺少的条件，有时外因甚至对事物的发展有着非常重大的影响；

③不管外因的影响有多大，都必须通过内因才能起作用。

表 2-1 常见的外因和内因

外部环境因素		内部环境因素	
法律法规	《中华人民共和国劳动法》	资源知识	人员
	《中华人民共和国计量法》		基础设施
	《中华人民共和国安全生产法》		过程运行环境
	《中华人民共和国消防法》		管理：管理的主要功能、管理跨度、过程方法、基于风险的思维、概率论和数理统计、80/20 法则、监视和测量的作用、方针的作用、目标的作用、团队的特点、团队的角色构成、马斯洛的层次理论、破窗效应、运筹学
	《中华人民共和国会计法》		产品：效率、良率、适用范围、关键技术、关键零部件、可操作性、稳定性、可追溯性
	税法		质量：不合格、CPK、控制图、来料检验 IQC、过程检验 IPQC、成品检验 OQC、设计验证、特殊过程
	《中华人民共和国环境保护法》		安全和消防：高空作业、密闭空间、危险源、不安全行为、灭火器的工作原理、火场逃生、消防通道的作用
	《中华人民共和国知识产权法》		机械：机械传动、机械制图、机械装配、机械保养、理论力学、材料力学、加工误差、设计软件、流体力学、失效模式 FMEA
	《中华人民共和国道路交通安全法》		电气：PLC、伺服电机、步进电机、传感器（光电 / 磁性 / 正负气压）、梯形图、编码器
技术	自动化技术		软件：视觉系统、数据库
	机器人技术		法律：法律义务、法律权利
	控制技术		财务：利润表、资产负债表、现金流量表
	机器视觉技术		市场：30 秒电梯销售、FABE 产品介绍术

续上表

外部环境因素	
技术	产品工艺
竞争	主要竞争对手
	性能
	质量
	价格
市场	高端
	中间
	低端
文化	纪律勤奋学习创新
	平等尊重
	团队与合作
	品质和服务
社会和经济	供应链
	劳动力市场
	社区治理 / 生活服务
	学校和教育
	医疗和康体

内部环境因素	
能力	领导作用、独立思考能力、执行能力、指导能力、鼓励能力、增强(改进的)能力、描述任务的能力、自驱力
	沟通、表达能力
	分析问题：分类分级、柏拉图、要因分析图、波 x 特 5 力分析、SWOT 分析
	解决问题、化解冲突的能力、阅读所面对的环境的能力
意识	责任意识、安全意识、法律意识、质量意识、服务意识、服从意识、以顾客为关注焦点意识、风险意识、成本意识、极限意识、减少浪费的意识
沟通内容	理想、使命、价值观
	顾客要求
	相关方要求
职责	监视、测量、分析、评价、改进
岗位	总经理、副总经理、× × 总监、× × 部门经理、× × 科室主管、班组长
	设计工程师（高 / 中 / 初）、软件工程师（高 / 中 / 初）、售后工程师（高 / 中 / 初）
角色	管理者、策划者、实施者、监视者、测量者、评审者、审核者、分析者、接收者、输出者
心理	士气、心气

因此，企业在经营过程中应当重视内因。每个管理者都应通过改进自身的工作来提高部门的绩效。这正是美国西点军校“没有任何借口”的哲学基础。

质量管理体系之所以称为“体系”，是因为其中的各个部分是相互联系、相互作用的。按标准要求确定的内外部环境因素，与后续的章节中的要求都有一定的联系。例如，假设某组织确定了一项与顾客沟通相关的内部因素——FABE 产品介绍术，那么，标准“7.2　能力”要求组织考虑相关人员是否具备这一项能力，“8.2　产品和服务的要求”则要求组织确定相关人员能否有效地运用这种能力（图 2-3）。

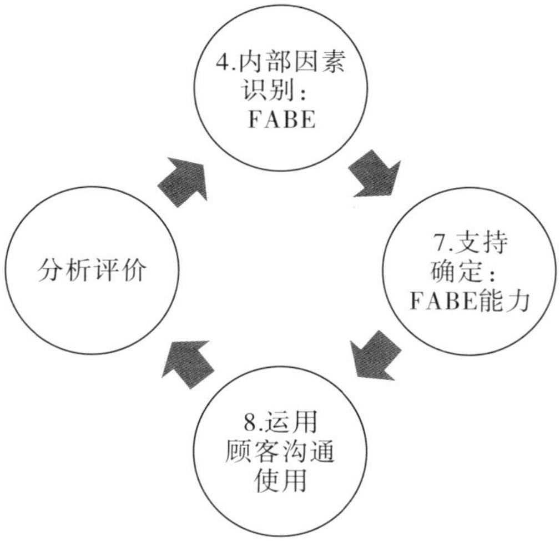

图 2-3　FABE

管理体系中出现各种不合格的原因，可能是缺乏相关的能力。因此，组织需要经常识别内部环境因素，必要时，可通过培训等方式来改进、提高相关人员的能力以及运用能力的有效性。

二、确定活动

标准正文中“确定”一词出现了 59 次。可见，“确定”是质量管理体系中一项重要的活动。以下是《基础和术语》中对“确定”的定义：

3.11.1 确定 determination

查明一个或多个特性（3.10.1）及特性值的活动

从定义看，“确定”关注的是特性和特性值。我们知道，“质量是客体的若干固有特性满足要求的程度”，通过“确定”这项活动，查明特性和特性值之后，与最初的要求进行比较，可以知道满足要求的程度，以此来评价质量（图 2–4）。质量管理体系运行中的各种评价，都能得出类似的三种结论：未满足要求、满足要求、超出要求。

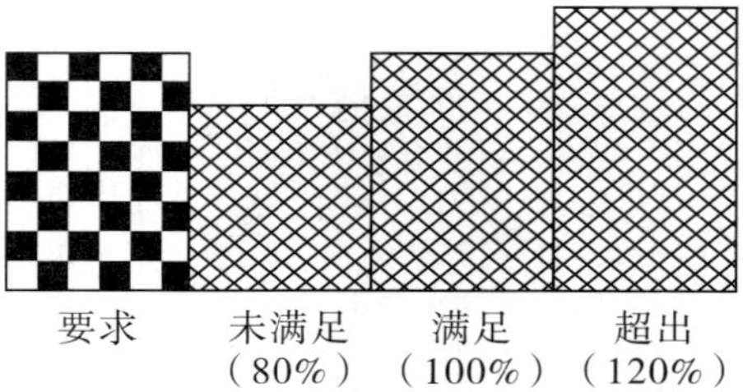

图 2–4 满足要求的程度

知识、能力、意识等都是组织的特性。如果能够量化这些特性，便能得到特性值。这一点与通常对“确定”活动的理解存在一定的差异，因此今后在开展“确定”活动时，应更加重视需要确定的特性值。本书中采用的各种分级方式，也是一种定义特性值的方法。举例来说，一位管理者可以有效管理的人数被称作“管理跨度”，可以将其看作管理者管理能力的特性值。一般的管理者可以直接管理 10 人左右，然而据说某位总裁直接管理的人数远远超过这个数字。这显示这位总裁先生拥有超强的领导能力值。

俗话说，人贵有自知之明。组织也一样，对自身的特性了解得越清楚，越能发挥组织的优势，运行的效率越高。

“确定”是标准中的一个关键术语，并且标准中有一系列涉及确定的术语，包括评审、监视、测量等，如图 A.14 所示。

本书在第一章第六节“基于风险的思维”部分，通过术语“风险”的注 3、注 4 分别介绍了怎样确定风险的特性和特性值。管理体系中要确定的特性和特性值非常多，很难一次完成，需要长期积累。随着组织的成长，各类重要的特性值也将不断增长，而按照标准建立管理体系，组织将如虎添翼。

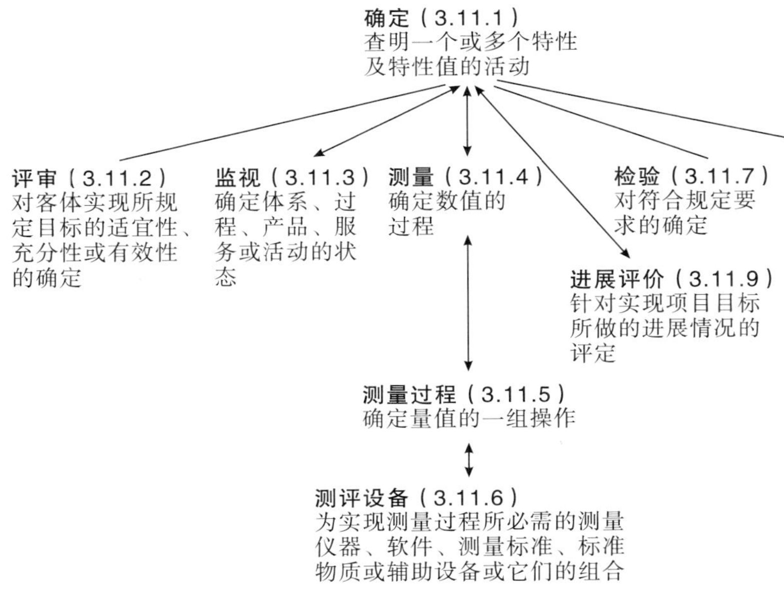

图 A.14　3.11 有关确定的定义及相关概念

三、监视

《孙子兵法》中蕴含了一些监视和评价的方法。比如，监视树林中鸟的活动，以判断（评价）树林中是否有伏兵（鸟起者，伏也）；又比如，监视远处大路上空尘土的飞扬情况，判断（评价）是否有大队车马在行进（尘高而锐者，车来也）。

国际标准是专家提炼成功组织的经验而编制的。标准中提出了监视和测量的要求，说明在国内外成功的企业中，监视过程和测量过程绩效是广泛运用的组织管理实践。

有人说，员工不做领导安排的工作，员工只做领导检查的工作。标准的这一项要求，在一定的程度上证明了这句话具有管理理论基础。

总之，无论古今中外，各种类型的组织都十分重视“监视”这项工作。

标准“4.1　理解组织及其环境”第二段只有一句话：“组织应对这些外部因素和内部因素的相关信息进行监视和评审。”这其中包含“监视”和“评审”两项活动。这两项活动在管理体系运行中至关重要。根据术语“监视”和“评审”的定义，它们属于两种“确定”类型的活动。

3.11.3　监视　monitoring

确定（3.11.1）体系（3.5.1）、过程（3.4.1）、产品（3.7.6）、服务（3.7.7）或活动的状态

注1：确定状态可能需要检查、监督或密切观察。

注2：通常，监视是在不同的阶段或不同的时间，对客体（3.6.1）状态的确定。

注3：这是ISO/IEC导则　第1部分ISO补充规定的附件SL中给出的ISO管理体系标准中的通用术语及核心定义之一，最初的定义和注1已经被改写，并增加了注2。

上述词义告诉我们质量管理体系中监视的主要内容，即确定5种客体的状态：体系、过程、产品、服务、活动。这对我们开展监视活动有很大的帮助。

从“监视”的英语单词“monitoring”的词义看，监视就是盯着看的意思，比如盯着各种显示器（monitor）看。这个词义中并没有偷偷看的意思，也不带有敌意，和中文的“监视”一词存在差异，更接近于“观察”的意思。本书为了保持与标准的一致性，仍然使用“监视”这一术语。之所以强调这一点，是为了消除参加监视活动的员工的自我防卫意识，更好地开展监视活动。此外，也可以通过观察个人和整个组织在这方面投入的时间，来寻找改进的机会。

从监视的定义中的“注1”可以看出，检查、监督或密切观察是常用的确定状态方法（活动）。“注2”则说明了监视的主要目的是确定客体的状态，这大大缩小了监视的范围，对组织开展监视具有很大的帮助。

“循证决策”是质量管理体系的七大原则之一。这意味着在做决策、决定时，要依据可信的证据。监视就是收集证据的活动。因此，监视活动的优劣将影响体系的有效性和效率。组织的各级员工必须高度重视这项活动。

标准正文中“监视”一词出现了25次，下面7条是明确要求开展的监视活动：

- 组织应监视和评审有关内部和外部情况的信息（4.1）
- 组织应监视和评审有关相关方及其有关要求的信息（4.2）
- 得到监视（6.2.1e）

- 适当时，包含或引用监视和测量要求以及接收准则（8.3.5c）
- 组织实施的对外部供方绩效的控制和监视（8.4.3e）
- 在适当阶段进行监视和测量，以验证过程或输出的控制准则及产品和服务的接收准则已得到满足（8.5.1c）
- 组织应监视顾客对其要求和期望得到满足的程度的感受（9.1.2）

以上都是标准的要求，需要相应的过程支持，并放在PDCA的检查阶段。其余的则是需要开展的与监视有关的活动。例如，“9.1.3 分析和评价”中要求“组织应分析和评价通过监视和测量获得的适当的数据和信息”。

以下是监视活动中应注意的两点：

①组织内部常常是输出接收方(下游部门)对(上游部门的)输出的监视。比如，通过仓库管理部门监视库存量，可以确定采购部门采购数量满足要求的程度（合理性）。因此，开始监视之前，上下游部门之间要充分沟通，确保对监视方法的理解的一致性。

②公司内部多个部门同时与其中一项要求有关，必须开展同类型的监视活动。

除了标准要求监视的项目外，应重点监视那些绩效比较突出的员工，发现他们的优点，树立标杆。同时，应监视那些经常出现不合格或经常出现扯皮现象的工作。

现今，企业拥有许多基于计算机的管理系统，这些系统保留着大量的历史数据，其中不少数据是非常有价值的监视项目，值得深入挖掘。

四、评审

3.11.2 评审 review

对客体(3.6.1)实现所规定目标(3.7.1)的适宜性、充分性或有效性(3.7.11)的确定（3.11.1）

示例：管理评审、设计和开发（3.4.8）评审、顾客（3.2.4）要求（3.6.4）评审、纠正措施（3.12.2）评审和同行评审。

注：评审也可包括确定效率（3.7.10）。

Review这个单词我们并不陌生，它的意思是“复习”，表示将学习过的内容再学习一遍。在管理活动中，我们时常需要把我们做过的工作再看一遍，特别是要把内部的制度和规定的过程再看一遍，甚至很多遍。“再看一遍”往往可以发现改进的机会。

评审的目的是确定客体的“三性”——适宜性、充分性、有效性。它是 PDCA 循环的检查阶段。经过评审去掉不适宜的客体、补充不充分的客体、提高有效性较差的客体的有效性，这些都是改进阶段的工作。

对于组织确定的“监视项目”，要定期评审，确定是否需要继续监视？对于那些不需要继续监视的项目，应当停止监视，避免浪费资源。

上述术语示例中的“管理评审”是标准第 9 章的重要内容。

标准第 4 章到第 10 章，“评审”一词共出现了 28 次，其中有 13 处要求开展评审活动，其余是与评审有关的要求，比如保留成文信息、评审前后的过程等。

在第一章第六节“基于风险的思维”，我们讨论了设备的风险评估。这里我们需要开展设备风险监视活动，监视每一台设备的工作情况，并根据设备的工作情况评审设备的风险值。例如，在规定的监视时间段内，没有出现故障的设备，则调低一级风险值；出现一次故障的设备，则风险值不变；出现两次或以上故障的设备，则调高一级风险值。然后，相应地调整人员和备件安排，从而完成一次改进，实现一次 PDCA 循环。

其中，“没有出现故障”“出现一次故障”和“出现两次或以上故障”是调整风险等级的三项“准则 How much”。

由此可见，即便是在质量管理体系标准的早期学习阶段，我们也可以开始着手改进。只要增加风险评估项目、增加监视项目，并评审这些项目，管理体系就会不断进步。监视和评审的内容见表 2-3。

表 2-3 监视和评审对比表

内容	确定目的	确定内容	确定对象	常见的应用	特点
监视	—	状态	体系、过程、产品、服务、活动	检查、监督、密切观察	不同的阶段 / 时间
评审	实现所规定的目标	适宜性、充分性、有效性	客体	管理评审、设计和开发评审、顾客要求评审、纠正措施评审、同行评审	—

接下来，我们通过一个案例来阐述这个过程。

××公司的采购部门确定了一个监视和测量项目，即“采购员发出采购订单的及时性”。这意味着采购员接到采购任务后，要在规定时间内与供应商达成议定价格和交货期，发出采购订单。然而，公司的实际情况是，生产部门的产能是基于每个作业员每天能够装配的零件数量和作业员的数量计算的。按这样的计算方法，每天需要的零件数量远远低于采购员每天能够完成的采购零件数量。因此，经过评审得出的结论是，采购订单的及时性对管理体系实现其预期结果的能力影响不大，采购部门不必监视这个项目。

相反，大部分零件之间有一定的装配关系。如果采购的零件不符合装配关系，数量再多，生产部门也无法组织装配。因此，这个因素对质量管理体系实现其预期结果的能力的影响比较大，必须监视和测量采购的零件是否符合装配关系这个因素。

现在，我们来回顾评审的整个过程：

①根据标准的要求确定内部环境因素；

②从中挑选出监视项目；

③评审监视项目，并得出监视项目不符合要求的评审结论，取消监视项目；

④选择新的监视项目。

至此，管理体系完成了一次改进。从这个例子可以看出，评审实际上是有些公司所说的“自我否定”“自我批判”等活动。“自我否定”等说法体现了一种可贵的精神，比较适合思辨能力较强的员工。但其措辞略显猛烈，容易激起员工的自我防卫意识，影响工作效果，故而使用“评审”这类说法也许更容易被大多数员工接受。

评审是管理体系中一项重要的活动，也是设计和开发过程中的重要活动，需要成文信息支持。

五、体系漏斗

最后，我们将介绍一种可称为“体系漏斗”的方法（图 2–5），这个方法包括以下步骤：

第一步，确定组织的内外部环境因素；

第二步，从中挑选一部分（例如 40%）进行监视；

第三步，挑选一部分监视项目（例如 70%）进行测量；

第四步，从测量项目中，挑选一部分（50%—60%）作为质量目标；

第五步，定期、按比例评审质量目标。

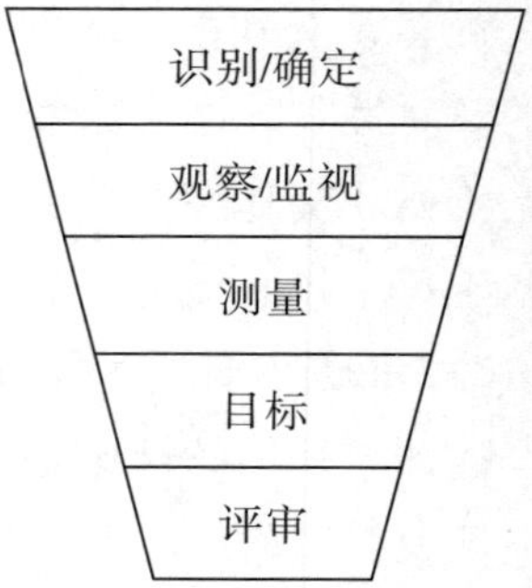

图 2–5　体系漏斗

从“识别 / 确定”到“评审”，项目逐渐减少，这一过程就像一个漏斗，逐渐变窄。举例来说，××公司的监视项目中，有一个“在库机加工件数量”。经过一段时间的监视，公司发现这个数量在数百件到近两万件之间波动。于是，他们制订了一个质量目标：在库机加工件数量控制在 8000—12000 件。三个月后，他们调整了目标范围，将其缩小至 6000—9000 件。通过减少库存，公司成功减少了资金的占用。

完成这一节的学习，就可以开展“监视”和“评审”活动，并制订质量目标。这是管理体系前进的一小步。不过，经过一段时间的监视和评审，这些进步有可能会对我们的许多认知产生颠覆性影响。

第二节　相关方

质量管理体系标准的七项原则中，“关系管理”是专门针对相关方的原则。以下是《基础和术语》中，关于相关方的重要性、风险和获取相关方支持的目的的表述。

> 2.2.4　相关方
>
> 相关方的概念扩展了仅关注顾客的观点，而考虑所有有关相关方是至关重要的。
>
> 识别相关方是理解组织环境的过程的组成部分。有关相关方是指若其需求和期望未能满足，将对组织的持续发展产生重大风险的那些相关方。为降低这些风险，组织需确定向有关相关方提供何种必要的结果。
>
> 组织的成功，有赖于吸引、赢得和保持有关相关方的支持。

在前文讨论标准的编写特点时，曾经引用下面这一小节标准条文帮助理解。为了上下文的连贯，此处仍然将该条文列出。

4.2　理解相关方的需求和期望

由于相关方对组织稳定提供符合顾客要求及适用法律法规要求的产品和服务的能力具有影响或潜在影响，因此，组织应确定：

a）与质量管理体系有关的相关方；

b）与质量管理体系有关的相关方的要求。

组织应监视和评审这些相关方的信息及其相关要求。

标准条文第一段采用了“原因 + 活动”的模式，共有两项要求、三种活动（见图 1–1 左下方）。第一个活动是“确定”，包括两项内容：相关方、相关方的要求。

为什么要确定相关方及相关方的要求？原因是相关方“具有影响或潜在影响”，这个范围很大。考虑“影响或潜在影响”的对象，即组织的一种能力，范围便缩小了很多。实际上，能力仅仅是指稳定提供产品和服务的能力，而产品和服务仅限于符合适用的法律法规要求及顾客要求的那些产品和服务。

在本书第一章第二节曾提及，我们学习的内容是标准的要求，其中有些要求的内容涉及法律法规的要求、顾客的要求和组织自己的要求。此处标准所指的产品和服务正是必须满足前两类要求的产品和服务。

组织必须具备持续提供这类产品和服务的能力（图 2–6）。这种能力排在质量管理体系潜在收益的第一位，可见其在组织整个质量管理体系中的重要性。为此，组织需要从众多的相关方中，识别影响或潜在影响组织上述能力的相关方（输出 1），并确定相关方的需求（输出 2）。最后，标准要求“组织应监视和评审这些相关方的信息及其相关要求”。和“4.1　理解组织及其环境”相比较，这两者要求相同，但内容不同。

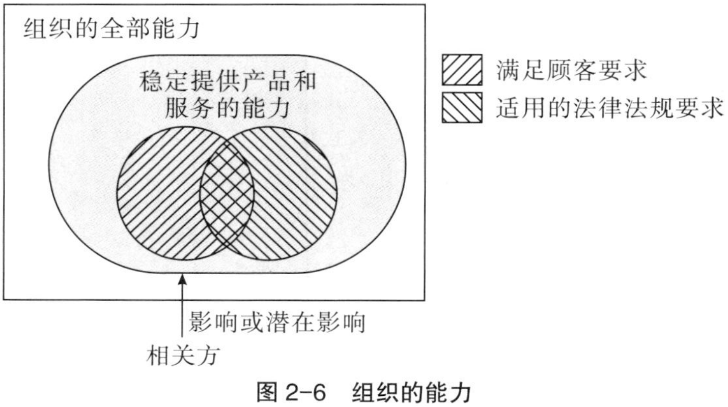

图 2–6　组织的能力

如果相关方对组织的上述能力的"影响"具有一定的不确定性，这种影响就被视为一种风险。组织必须对这种风险进行评价，并制订应对措施。至于组织的上述能力，则是标准"7.2 能力"考虑的因素。

《要求》中有 12 处提到"相关方"，《基础和术语》中有 42 处提到"相关方"。逐条研究这 54 条标准条文，可增强我们对相关方的需求和期望的认识和理解。

以下是《基础和术语》中关于"相关方"的定义：

> 3.2.3 相关方 interested party；stakeholder
>
> 可影响决策或活动、受决策或活动所影响或自认为受决策或活动影响的个人或组织（3.2.1）。
>
> 示例：顾客（3.2.4）、所有者、组织内的人员、供方（3.2.5）、银行、监管者、工会、合作伙伴以及可包括竞争对手或相对立的社会群体。
>
> 注：这是 ISO/IEC 导则 第 1 部分 ISO 补充规定的附件 SL 中给出的 ISO 管理体系标准中的通用术语及核心定义之一，最初的定义已经通过增加示例被改写。

上面已经讨论了相关方对决策和活动的影响。同时，相关方可能被决策或活动所影响，说明对相关方来说，组织可能是一种风险源。组织内部应经常检讨与相关方的合作，改进与相关方的合作，降低对相关方的负面影响，比如拖欠供应商货款、频繁改变需求等。

标准条文的示例中列举了"顾客""所有者""组织内的员工""供方""银行""监管者""工会""合作伙伴""竞争对手""相对立的社会群体"10 类"相关方"。

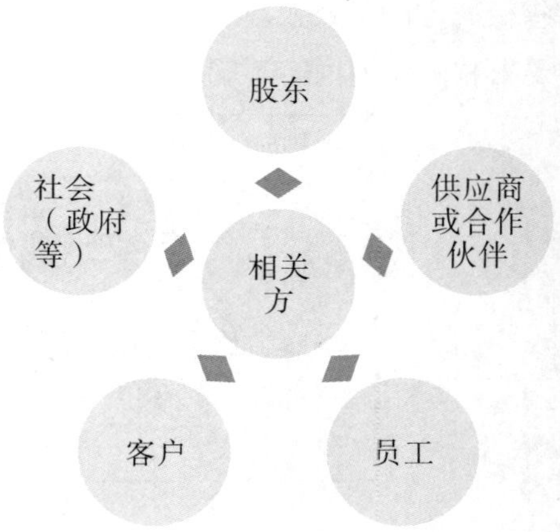

图 2-7 相关方

图 2-7 中列出了 5 类关键相关方。有一个地方需要引起注意，质量管理体系模型中，"有关相关方的需求和期望"位于代表质量管理体系范围的矩形框外面。而在上面的示例中，员工是有关相关方的一部分。可见，在考虑相关方的需求时，必须考虑员工的需求。在建立、实施和保持

质量管理体系时，员工是标准“7. 支持”这一章关注的重要因素。在“7.1.4 过程运行环境”中，社会因素（如非歧视、安定、非对抗）、心理因素（如减压、预防过度疲劳、稳定情绪）、物理因素（如温度、热量、湿度、照明、空气流通、卫生、噪声），全部与员工相关。

以下是《基础和术语》中关于“关系管理”的定义：

2.3.7 关系管理

2.3.7.1 概述

为了持续成功，组织需要管理与有关相关方（如供方）的关系。

2.3.7.2 依据

有关相关方影响组织的绩效。当组织管理与所有相关方的关系，以尽可能有效地发挥其在组织绩效方面的作用时，持续成功更有可能实现。对供方及合作伙伴网络的关系管理是尤为重要的。

2.3.7.1 中用了“有关相关方（如供方）”的表述，这需要引起注意，在各种相关方中，供方具有特殊地位。此外，理论依据的最后一句用了“尤为重要”这样的表述，这要求我们高度重视并扎扎实实做好“合作伙伴网络的关系管理”工作。

以下是《基础和术语》中“关系管理”方面可以开展的活动。

2.3.7.4 可开展的活动

可开展的活动包括：

——确定有关相关方（如：供方、合作伙伴、顾客、投资者、雇员或整个社会）及其与组织的关系；

——确定和排序需要管理的相关方的关系；

——建立平衡短期利益与长期考虑的关系；

——与有关相关方共同收集和共享信息、专业知识和资源；

——适当时，测量绩效并向相关方报告，以增加改进的主动性；

——与供方、合作伙伴及其他相关方合作开展开发和改进活动；

——鼓励和表彰供方及合作伙伴的改进和成绩。

这些活动中，有些是管理体系标准要求的活动，有些则不是。例如，第一项活动是标准“4.2　理解组织及其环境”的要求，第二、三项活动是在标准要求的基础上提出的更高的要求。因此，开展这样的活动，对提高管理体系的有效性具有一定的帮助。我们可以在标准的要求得到比较好的满足后，逐步开展上述活动。需要指出的是，本节内容也是标准“8.4　外部提供的过程、产品和服务的控制”的基础，应熟练掌握。

第三节　质量管理体系范围

4.3　确定质量管理体系的范围

组织应确定质量管理体系的边界和适用性，以建立其范围。

在确定范围时，组织应考虑：

a）4.1 中提及的各种外部和内部因素；

b）4.2 中提及的相关方的要求；

c）组织的产品和服务。

如果本标准的全部要求适用于组织确定的质量管理体系范围，组织应实施本标准的全部要求。

组织的质量管理体系范围应作为成文信息，可获得并得到保持。该范围应描述所覆盖的产品和服务类型，如果组织确定本标准的某些要求不适用于其质量管理体系范围，应说明理由。

只有当所确定的不适用的要求不影响组织确保其产品和服务合格的能力或责任，对增强顾客满意也不会产生影响时，方可声称符合本标准的要求。

这一节是确定质量管理体系模型中的矩形框的过程，包括 5 项要求、5 项活动。

第一段采用了“活动 + 目的”的模式。其中，活动为确定边界和适用性，目的是确定质量管理体系的范围。

如前文所述，质量管理体系标准大约有 130 项要求。这些要求全部包含在《要求》第 4 章到第 10 章的内容之中，并适用于大多数企业。以前，部分地区存在一些缺乏设计和开发能力的企业，因此，标准“8.3　产品和服务的设计和开发”的部分内容对它们来说并不适用。这一类企业仍然能通过第三方质量管理体系审核，拿到证书。不过现在这类企业已经非常少了，它们或是转型，或是被淘汰。目前，基本上所有的企业都要满足标准的所有要求。

第二段是建立质量管理体系需要考虑的要求，即“4.1 理解组织及其环境”和“4.2 理解相关方的需求和期望”中确定的因素，以及与组织的产品和服务相关的因素。这是上一段的“控检点”。图 1–4 和图 2–2 两个过程图的输出接收方都有“确定质量体系范围”这一项，就是根据“4.3 确定质量管理体系范围”这一条要求确定的。也就是说，前两个过程的输出，便是此过程的输入。“确定质量管理体系范围”这个过程的输出是一个圈，即质量管理体系模型中点划线形成的矩形圈。

实际上，根据质量管理体系模型，质量管理体系只有三个入口：顾客要求、组织及其环境、有关相关方的需求和期望，以及一个出 / 入口：质量管理体系的结果。确定这四处的界限，便确定了质量管理体系的范围。

第三段是一个条件语句，基本上所有的企业都符合条件，必须采用标准所有的要求。

第四段第一句是成文信息要求，组织应该发布一个正式的文件，说明质量管理体系范围；第二句要求（文件）说明质量管理体系范围内所覆盖的产品和服务；第三句也是一个条件语句，假设一种情况：在组织提出有一条或者多条标准的要求不适用的条件下，必须说明不适用的正当理由。

第五段是接着第四段的最后一句话说的，强调不适用的要求必须满足：不能影响组织确保其产品和服务合格的能力或责任，不会产生影响增强顾客满意这 2 个条件，才能说按国家标准建立了质量管理体系。否则，可能有一定的法律风险。

标准“8.4.2 控制类型和程度”中明确要求组织“确保将外部提供的过程保持在其质量管理体系控制范围内”。因此，我们应在说明质量管理体系范围的文件中，明确申明这一点。

以某企业的《质量管理体系范围说明》为例：

质量管理体系范围说明

××公司的质量管理体系范围包括：

1. 《质量管理体系 要求》中的全部要求；
2. 按照标准要求建立的过程及其相关的成文信息；
3. 公司产品为 A 行业智能设备；
4. 重要的外部供方。

上述企业除了生产 A 行业智能设备，同时也生产 B 行业智能设备。但是，第三方审核时，与标准第 8 章相关的部分，会将审核范围限制在企业《质量管理体系范围说明》中宣称的 A 行业智能设备有关的过程。审核通过以后，相关部门发给企业的管理体系认证证书上将注明企业的产品和服务为 A 行业的智能设备，而不会提及 B 行业智能设备。

第四节　质量管理体系及其过程

“4.4　质量管理体系及其过程”是标准文件中被引用最多的一节，可见 4.4 这一节的重要性。先看第一小节：

4.4.1　组织应按照本标准的要求，建立、实施、保持和持续改进质量管理体系，包括所需过程及其相互作用。

组织应确定质量管理体系所需的过程及其在整个组织中的应用，且应：

a）确定这些过程所需的输入和期望的输出；

b）确定这些过程的顺序和相互作用；

c）确定和应用所需的准则和方法（包括监视、测量和相关绩效指标），以确保这些过程的有效运行和控制；

d）确定这些过程所需的资源并确保其可获得；

e）分配这些过程的职责和权限；

f）按照 6.1 的要求应对风险和机遇；

g）评价这些过程，实施所需的变更，以确保实现这些过程的预期结果；

h）改进过程和质量管理体系。

这一小节包括 3 项要求，共 13 种活动。

4.4.1 第一段是对质量管理体系的总体要求，规定组织必须按照国际 / 国家标准的要求建立、实施、保持和持续改进质量管理体系，包括质量管理体系所需的过程及其相互作用。“保持”这项要求对我们非常重要，它提醒我们必须长期坚持，不能一段时间后便松懈下来，又回到从前的模式。

一、过程及应用

4.4.1 第二段第一项要求是在第一段的基础上提出的，其规定组织要“确定质量管理体系所需的过程及其在整个组织中的应用”。例如，公司内部财务部、人力资源部、行政部等各部门都要“确定外部环境过程”；公司所有部门都要“确定内部环境过程”；设计部门要建立与产品和服务的设计和开发相关的过程。

此外，组织应按照成文信息要求，制作《过程应用表》，说明每一个过程的应用范围。然后在组织内部充分沟通，让全体成员明晰与自己工作相关的过程。这一项也是对最高管理者的要求之一，详见标准 5.1.1c“确保质量管理体系要求融入组织的业务过程”。

第二项要求包括 8 项具体要求，是组织建立体系过程时必须考虑的因素。虽然这些要求不必在过程文件的控检框中列出，但是每个过程都要对照检查。

其中，a 项要求确定过程的输入和输出，涉及过程模型的 2 个元素。

我们知道，管理体系标准是依照过程模型编写的，对过程的输入和输出都有充分的考虑。标准“确定内外部环境”的要求为我们提供了输入；而标准“4.3 质量管理体系范围”向“确定内外部环境（过程）”提出了输出要求。

管理体系是由众多过程构成的。b 项要求确定过程之间的相互作用，就是确定过程的输入源（外部刺激）和输出接收方（对外部的刺激）2 个过程元素。利用质量管理体系模型，可以更容易做到这一点。

向其他过程提出输出要求的过程，就是那个过程的输出接收方之一。B 过程向 A 过程提出输出要求，那么，B 过程是 A 过程的输出接收方；同时，A 过程是 B 过程的输入源。在质量管理体系中，先完成 A 过程，然后利用 A 过程的输出完成 B 过程（图 2–8）。

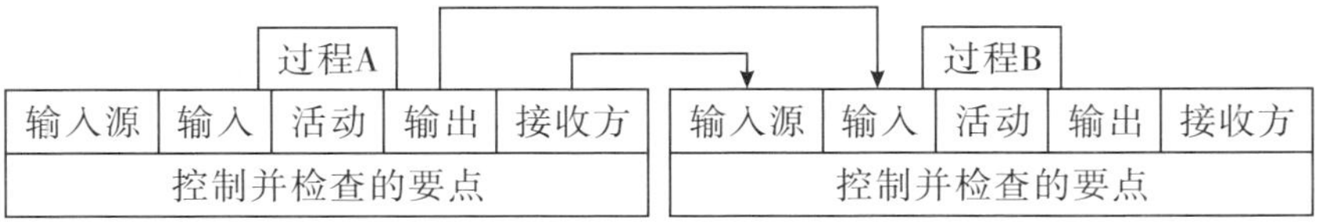

图 2–8 过程之间的关系

在第一章第五节“活动”中，我们讨论过一个例子：根据“评审”活动的结果，来决定要不要“采取措施”。用管理体系标准的说法是，“评审”和“采取措施”

两个活动相互关联、相互作用。

d 项“确定这些过程所需的资源并确保其可获得”，此即“PDCA 循环使组织能够确保其过程得到充分的资源和管理，并确定和实施改进机会”的基础。与其对应的是“实施（Do）”阶段，是标准“7.1　资源”的主要内容。

同时，确保资源的可用性是最高管理者证实其领导作用的内容之一，详见标准“5.1　领导作用和承诺”。

资源是过程中的活动的物质基础，可以从两个方面看过程需要的资源。

首先，从过程的输入看，单一过程模型中，有物质、能量、信息三类输入，标准列举了材料、资源、要求三类示例。其次，从资源的适用性看，标准 7.1 介绍了管理体系需要的各种资源，包括人员、基础设施、过程运行环境、监视和测量资源和组织的知识。这些资源都有其适用范围，必须根据管理体系的每一个过程对资源的需求，匹配相应的资源。像基础设施一类的资源，在组织确定经营场所时就应充分考虑。5W2H 可以帮助我们做好这些工作。

管理评审时，可以拿出所有的过程文件，按过程逐个审视对这 5 类资源的需求，以避免遗漏并确保资源的可用性。平时应监视重要资源的可用性，重要资源不可用的比例应控制在规定范围内。关于资源的可用性还有另外一种情况，即组织拥有某种资源，但平时使用频率并不高，仅在少数情况下，组织内两个不同的单位可能同时需要这种资源。这时，组织应加强资源的管理，降低不良影响，而不是简单地再增加一个同样的资源。

e 项“分配这些过程的职责和权限”，这是与“5.3　组织的岗位、职责和权限”相关的内容。实际上权限也是一种准则，是与权力有关的准则。按标准要求，管理评审时，拿出所有的过程文件，先确定其中所需的角色（责任人），然后确定每个角色的职责、权限。比如，仓库管理人员在接受供应商送来的物料时，有责任核对型号、数量等物料信息，按规定将物料放在适当的位置。当物料信息有差错时，仓库管理人员有权拒绝接收物料。为了减少库存，有的企业设置了库存的上限。当库存超过上限时，仓库管理人员同样有权拒绝接收相关的物料。

f 项“按照 6.1 的要求应对风险和机遇”，这是一项指引性要求，它告诉我们在哪里能够找到需要应对的风险和机会。实际上，质量管理体系需要应对的风险和机会远不止标准 6.1 要求确定的那些。基于风险的思维要求组织对每一个重要的过程进行风险评估，而不应仅在建立质量管理体系时进行一次风险评估后就宣布大功告成了。本书第一章中关于风险的几个例子可以帮助读者更好地理解这一要求。

g 项“评价这些过程，实施所需的变更，以确保实现这些过程的预期结果”，标准“9.1.3　分析和评价”列举了质量管理体系需要评价的主要内容。后半句是这项要求的目的。因此，评价的依据是过程实现预期结果的情况。如果过程在大部分情况下未能实现预期的结果，则需要分析其中的原因，在找出真正的原因之后，制订并实施变更计划。

标准中与评价有关的要求比较多，表明评价是管理体系中一项重要的工作。这意味着我们必须认真对待评价工作，逐渐养成对重要的过程进行正式评价的习惯。在本章第一节中，我们讨论了一个采购监视项目的评价和变更（改进）过程，这有助于理解这一要求。

持续改进是管理体系七大原则之一，也是最高管理者证实其领导作用的内容。h 项“改进过程和质量管理体系”，这一要求的目的就是保证落实相关原则（见“10　改进”）。管理体系中有不少于一百个过程，因此，改进的机会非常多。

二、准则和方法

因为准则和方法非常重要，所以上一小节的论述跳过了标准 4.4.1 中的 c 项，在此用较大的篇幅重点讨论其三项主要内容：准则、方法和质量目标。

（1）准则

所有的管理体系都需要遵循各种准则（也叫尺度）。例如，交通管理领域存在一些限制速度的准则，如限速 30 千米 / 小时或 100 千米 / 小时等。超过了这些限速准则，便构成违法行为，交警有权对违法人员处以罚款或扣分。发生交通事故或纠纷时，违法一方也将承担更多的责任。对驾驶员来说，交通信号灯是一种非量化的准则：红灯停，绿灯行。然而，对交通管理者来说，他们需要根据交通路口不同方向的车流量，确定各个方向红绿灯的时间间隔，最大限度地降低车辆的等待时间，提高通行量。一些路口甚至已经实现了智能化的动态调节。此外，还有一些我们看不到的准则，例如交通管理部门会根据车流量确定是否需要安装红绿灯，避免资源浪费。

前文介绍过 5W2H，其中的“How much 多少”就是一类可以量化的准则。

《现代汉语词典》关于“准则”的定义是：言论、行动等所依据的原则。

而在《牛津高阶英汉双解词典》中，“准则 criteria”的意思是：（评判或做决定的）标准，准则，原则（a standard or principle by which sth. is judged， or with the help of which a decision is made）。

按照标准的编写特点，c 项“确定和应用所需的准则和方法（包括监视、测量和相关绩效指标）”是要求，“确保这些过程的有效运行和控制”是目的。这说明，在编写者看来，过程必须有准则和方法，否则过程无法有效运行，并且容易失去控制，从而影响整个管理体系的有效性。

管理体系的每一个过程都有预期。过程的结果通常只能分为两种情况：要么未达成预期，要么达成预期，二选一。因此，策划时要确定达成预期的判断准则。通常，达成预期和未达成预期的输出接收方并不相同。不同的输出有不同的输出接收方，是基于风险的思维所策划的应对风险的措施。

有些过程没有准则，不需要判断，例如以下情况：

①过程比较简单，容易达成预期；

②在过程运行时，不断修改或者返工，直到达成预期才输出到下一个过程；

③短时间内，一些特殊过程未达成预期的输出的不良影响尚未显现。

一些关键过程达成预期比较困难，甚至有时候可能无法达成预期，则必须确定明确的准则。

在本书第三章第三节中，我们将以采购过程中的一个小过程——议价过程为例，说明准则对效率的巨大影响。

企业多多少少都有一些准则，例如，采购商品时强调质量优先，招聘人才时看重学历因素等。但是，由于准则不够明确，组织内部又缺乏沟通，组织成员在执行时将会产生较大的偏差，严重影响最终的效果，甚至导致预期无法达成。因此，制定明确的准则对于确保组织体系的运行至关重要。

（2）方法

标准原文中“方法”的英文是 method，和过程方法 process approach 不同。括号中“包括监视、测量和相关绩效指标”的这 2 个例子可以帮助我们理解标准中“方法 method”的含义。而在 5W2H 中，元素“How”代表方法。

从标准的这一项要求，我们可以看到，方法是过程的一部分。标准中大多数活动需要正确使用一种或几种方法才能完成，例如确定内外部环境因素的方法等等。正确的方法能够指导过程中的活动的参与者有效地完成活动，达成预期结果。

例如，“8.3.4 设计和开发的控制”中“b）实施评审，以评价设计和开发结果满足要求的能力；c）实施验证活动，以确保设计和开发的输出满足设计和开发输入的要求”，便是通过评审、验证等方法，达成评价能力、确保满足要求等预期。

一些简单的方法可以放在“控检框”中；而比较复杂的方法则需要做成支持性文件，在“控检框”中规定获得文件的路径。

有一个英语词组叫“Know how”，有人翻译为“技术秘诀”。尽管听起来很高深，但实际上它的字面意思就是“知道怎么做”或“知道正确的方法”。通常投资公司很注重投资对象的“Know how”。例如，华为、比亚迪等就是拥有大量“Know how”的企业。

质量管理体系的要求，大部分都是要求组织开展某些活动的，也有一些要求是规定活动的方法，最常见的是评审、分析和评价等方法。质量管理体系要求“9.1.3 分析和评价”在注中提到，分析数据的方法包括统计技术。

正确运用一种方法需要具备相应的能力，在识别组织内部环境因素时，应当识别组织具有的各种能力。然后，按照标准“7 支持”中的规定，确定过程需要的能力。最后，按照员工的能力分配任务。如果发现组织存在能力方面的不足应及时改进。

总之，有效的管理体系，依赖有效的过程；有效的过程，依赖有效的活动；有效的活动，依赖正确的方法。

市场上有大量介绍各种管理方法的图书，读者可以根据标准的要求，有针对性地查阅这些图书，学习其中的好方法，从而更好地满足质量管理体系的要求。

（3）质量目标

标准4.4.1的第二段中包含三处“确保”的要求。这些是非常重要的标准要求，都可以作为质量管理体系各个层次的质量目标。其中，“以确保这些过程的有效运行和控制”和“以确保这些过程实现预期的结果”是质量管理体系的目标；“确保其（资源）可获得”是最高管理者的职责，也是人力资源等部门的质量目标。

标准中其他有“确保”二字的条文，也有类似的目标，读者可以参考上面的理解，制订质量目标。本书将在第四章第二节专门讨论“质量目标和实现计划”相关的标准要求。管理者可以结合这些要求和这里的理解，来制订质量目标。

四、成文信息

4.4.2　在必要的范围和程度上，组织应：

a）保持成文信息以支持过程运行；

b）保留成文信息以确信其过程按策划进行。

这是标准中最早提到成文信息的条文。从这里可以看出，成文信息是质量管理体系及其过程的重要组成部分。这个小节说明了成文信息的2个目的：提供支持、提供证据。

提供支持的文件主要是过程文件和作业指导书，提供证据的文件主要是记录。作业指导书的主要内容是关于过程中的各种方法，其所证实的内容只有一种——过程是按策划执行的。

到目前为止，我们讨论过的过程文件，都是按照过程模型编写的，以将“过程方法原则”真正落到实处。更为重要的是，一是过程模型的逻辑非常清晰，掌握一个过程的运行之后，再学习其他过程非常容易；二是过程之间的顺序和相互作用也十分明确，由这些过程组成管理体系是水到渠成的事。

此处只是为了让读者对质量管理体系有完整的了解，才提出成文信息要求，更具体的要求可在标准“7.5　成文信息”中查阅。

第三章 领导作用

卓越的领导可以创造奇迹！

解放海南岛的过程中，有一次解放军用木船进行渡海演练，返航时遇到敌人的铁甲军舰袭击。危急情况下，船上的领导者副排长鲁湘云发挥了超强的领导作用，他沉着应战，冷静指挥，机动应变。最终，解放军战士凭借勇敢和智慧，用小木船和轻武器战胜了有火炮又有机枪装备的美式铁甲军舰，创造了解放军战史上的奇迹。

> 3.1.1 最高管理者 top management
>
> 在最高层指挥和控制组织（3.2.1）的一个人或一组人
>
> 注 1：最高管理者在组织内有授权和提供资源的权力。
>
> 注 2：如果管理体系（3.5.3）的范围仅覆盖组织的一部分，在这种情况下，最高管理者是指管理和控制组织的这部分的一个人或一组人。
>
> 注 3：这是 ISO/IEC 导则 第 1 部分 ISO 补充规定的附件 SL 中给出的 ISO 管理体系标准中的通用术语及核心定义之一。

最高管理者有两个特性：授权、提供资源的权力。《要求》中有 7 处提及“最高管理者”，其中 6 处在“5 领导作用”这一章，另 1 处在“9.3 管理评审”这一节。可见，最高管理者是领导作用的核心因素。

“领导作用”位于质量管理体系模型的中心，与“策划”“支持和运行”“绩效评价”“改进”双向联通。也就是说，领导作用向策划等过程输出，同时接收这些过程的输入。

第一节　领导作用和承诺

质量管理体系有七大原则，“5　领导作用”涉及领导作用和以顾客为关注焦点两大原则。第一节是“5.1　领导作用和承诺”，分为2个小节。其中第1小节如下：

5.1.1　总则

最高管理者应通过以下方面，证实其对质量管理体系的领导作用和承诺：

a）对质量管理体系的有效性负责；

b）确保制定质量管理体系的质量方针和质量目标，并与组织环境相适应，与战略方向相一致；

c）确保质量管理体系要求融入组织的业务过程；

d）促进使用过程方法和基于风险的思维；

e）确保质量管理体系所需的资源是可获得的；

f）沟通有效的质量管理和符合质量管理体系要求的重要性；

g）确保质量管理体系实现其预期结果；

h）促使人员积极参与，指导和支持他们为质量管理体系的有效性作出贡献；

i）推动改进；

j）支持其他相关管理者在其职责范围内发挥领导作用。

注：本标准使用的“业务”一词可广义地理解为涉及组织存在目的的核心活动，无论是公有、私有、营利或非营利组织。

这1小节是“总则”，其中的要求都是一般性的，涵盖质量管理体系中与领导作用和承诺相关的所有事项，但不需要形成具体的过程。不过其中有1项要求需特别指出，即证实，其要证实的内容有2个：最高管理者的领导作用、对质量管理体系的承诺。证实的方法是符合从a到j的10项具体要求，共12项活动。这是与最高管理者有关的过程的控检点。

从重要性看，“承担责任”和4个“确保”等5项要求更为重要，它们基本上都是强制性的要求，因此应认真落实，并监视和测量相关的过程；其余5项要求也是证实领导作用和对质量管理体系的承诺的重要内容。

从行动和结果看，“承担责任”“确保资源”和“确保结果”是用结果证实领导作用；其他的是用行动证实领导作用。

这 12 项活动中，有不少需要最高管理者具备相应的能力。组织应将其录入内部因素中与能力相关的部分。在标准第 7 章相关部分，也要特别关注这些能力。

下面具体展开分析。

a 项“对质量管理体系的有效性负责”。为了满足这一项标准的要求，最高管理者应作出公开承诺，并设立与建立和实施质量管理体系相关的机构，负责落实相关工作，确定其中人员的角色、职责和权限。

应将质量管理体系的有效性作为最高管理者的一个质量目标。达成质量目标，证明最高管理者在质量管理体系方面具有符合要求的领导作用，否则需要改进其领导作用。

标准一般从三个方面评价管理体系：适宜性、充分性、有效性。英语的表达习惯是把重要的内容放在后面。因此，有效性是最重要的质量管理体系评价指标。

通过监视和测量可以获得质量管理体系绩效和有效性的信息，通过分析和评价这些信息可以确定质量管理体系的有效性。另外，组织出现比较严重的安全、质量、交付等不合格，是管理体系有效性低下的表现。这种情况下，应当评价领导作用，发现改进的机会。

不论是一家公司，还是一个部门，要实现预定目标，需要领导发挥重大作用。按照 80/20 法则，少数人决定企业的大部分绩效。鉴于最高管理者对组织的质量管理体系的有效性的巨大影响，标准特别强调最高管理者应对质量管理体系的有效性承担责任。在一些等级森严的组织内，很少有人敢于质疑最高管理者的领导作用。按照标准建立的质量管理体系，有利于改善这种现象。

b 项“确保制定质量管理体系的质量方针和质量目标，并与组织环境相适应，与战略方向相一致”。虽然标准没有明确要求组织（企业）制订战略，但是，最高管理者符合这一项要求的前提条件是组织有明确的战略方向并且对自身的环境有清晰的认识，否则将无法制订质量方针和质量目标，或者制订的质量方针和质量目标不能发挥应有的作用。

组织的战略方向和组织环境是组织制订质量方针和质量目标过程的控检点。组织在制订质量方针和质量目标过程中，要反复对照组织战略方向和组织环境，确保最终的质量方针和质量目标符合要求。组织的战略方向本身也是确定组织环境过程的控检点。

从这里还可以看到，确定内外部环境过程是制订质量方针过程和质量目标过程的输入源。

为了落实本节有关质量方针和质量目标的要求，标准“5.2　质量方针”和“6.2　质量目标及实现计划”提出了相关的具体要求。

c 项“确保质量管理体系要求融入组织的业务过程”。如果组织在质量管理体系运行过程中，能够坚持按照标准要求开展各项工作，管理体系的 PDCA 循环可以推动组织的改进，体系的要求就会像水融入土壤那样融入组织的每一个角落。

标准“8　运行”是与组织业务相关的各种要求。这些要求适合大多数制造业企业的业务过程。这一项要求提醒最高管理者，务必重视标准第 8 章的要求，并尽力满足要求。

组织在建立和实施质量管理体系时，可以按照标准要求，不断调整自身的业务过程，以确保质量管理体系的要求完全融入业务过程。

d 项“促进使用过程方法和基于风险的思维”。很多组织是金字塔型的结构，员工往往按照上级的指示工作，完成工作以后将预期结果交给上级，自始至终由上级负责控制。通常这段经历也被称作“过程”，但其中缺少某些元素，不是符合标准定义的过程。

过程方法要求员工根据来自输入源的输入（即外部刺激），使用正确的方法，依据准则完成活动，将预期结果输出至接收方（即对外部的刺激），过程中按控检点控制，解放了上级。因为这两种工作方法有较大的差异，对最高管理者来说，最大的挑战是改变组织内部的习惯。

那些能够比较好地达成各种预期的组织，并非因为他们的运气更好。真正的原因是他们对风险有充分的识别以及良好的应对措施。最高管理者可以通过在组织内推广他们的实践，促进过程方法和基于风险的思维在组织内的应用。

本书的各个章节，全部按过程模型理解标准的要求，充分考虑过程中的风险，相信对读者都有一定的帮助。

e 项“确保质量管理体系所需的资源是可获得的”。管理体系标准中，资源是“7.1　资源”中的 5 种资源：人员、基础设施、过程运行环境、监视和测量资源以及组织的知识。工作中，有些管理者常常忽略为各种工作提供相应的资源。这种情况下，刚开始工作还可以进行，但时间长了，或者当时负责的员工换了岗位，工作就无法继续下去。多数情况下，大家认为停止那项工作没有什么不良影响，直到再次发生不合格。

例如，某企业生产过程中，有时需要一类特殊的部件，而常规的方法难以将这类部件与其他相似的部件分开，需要一种专门的仪器。购买这种仪器大约需要 ×× 万元。相关人员经过评估，决定不购买仪器。在评估过程中，相关人员可能放大了购买仪器的成本因素，低估了相关不合格的风险。评估的结论可能导致最高管理者在不知情的情况下，未能确保为质量管理体系提供所需的资源。有鉴于此，为了避免这类情况，最高管理者必须制订准则，加强组织内部的过程控制，并在组织内部充分沟通与资源相关的准则。如果有仪器，与上述特殊部件有关的过程是一般过程，否则那些过程就成了特殊过程。最高管理者需考虑特殊过程的控制措施是否充分。这件事给我们一个积极的启示，组织应采取措施，尽可能将重要的特殊过程转变成重要的非特殊过程。

f 项“沟通有效的质量管理和符合质量管理体系要求的重要性”。这是两项重要的沟通内容：有效的质量管理的重要性、满足质量管理体系要求的重要性。最高管理者必须深刻认识这两个方面的重要性，并将自己对质量管理体系的认识传达给组织内的所有成员。

为了让组织可以高效运行，大多数组织（企业）都需要一个科学的管理体系。当组织决定按照质量管理体系标准建立其质量管理体系后，有效的质量管理和满足质量管理体系要求是极其重要的。因为质量管理体系标准的要求，是该领域的专家采用过程方法，包括策划、实施、检查、改进 PDCA 循环和基于风险的思维建立的科学体系，其背后有管理学、组织行为学等众多社会科学的支撑。不符合标准的要求，便无法达到预期的效果。

只有满足质量管理体系的要求，才能达成有效的质量管理。但对最高管理者来说，用什么方式传达这个重要性，是一个巨大的挑战。标准“7.3 意识”中，有两项具体要求，可以帮助最高管理者落实这项工作。

由于组织的业务方面的特点，每个组织的管理体系要求不尽相同。即使是同样的要求，对组织的质量管理体系的影响也不同。最高管理者应确定组织的质量管理体系的要求及要求的重要性，并依据要求的重要性，选择不同的传递方式，确保重要的要求能够传达到位。

g 项“确保质量管理体系实现其预期结果”。如果仅仅是质量管理体系的结果，那么这一项要求和“a）对质量管理体系的有效性负责”有一点重叠。因为能够实现预期结果的质量管理体系，其有效性一定不会太差。因此，这里的预期结果一定要考虑各种过程的预期结果（输出）。

首要的是确定组织的质量管理体系希望实现的预期结果，即质量管理体系模型中最右边的“质量管理体系的结果”。贯标组织可以将标准引言中列举的潜在收益作为组织的预期结果，然后确定各个过程的结果。

虽然标准中大部分情况下用“预期结果”而不用“目标”，但是贯标组织必须清楚的是，从开始按照标准建立质量管理体系之时起，就是对组织内、外公开承诺将确保质量管理体系的有效性，实现预期结果。因此，最高管理者应时刻牢记组织的承诺，在建立管理体系初期，密集安排内部审核和管理评审，逐一检查标准要求的落实情况；管理体系运行时，仍然需要按照标准的要求，确保体系的预期结果。

和其他必须确保的标准要求一样，最高管理者还应为这一项要求提供更多的资源。

h 项“促使人员积极参与，指导和支持他们为质量管理体系的有效性作出贡献”。这一项是 f 项的目的。鼓励员工为质量管理体系的有效性作出贡献的最佳方法是让员工意识到并且真正相信质量管理体系可以改变他们的工作方式，包括心理环境。这需要最高管理者深入挖掘标杆的故事，让故事在组织内广泛流传。

一家大型企业的一位高级管理人员认为，自己一路升迁比较顺利，是因为他常常主动承担一些比较困难的工作，并且几次被到现场巡视的最高管理者看到。实际上，这位高管的经历是建立在最高管理者“促使人员积极参与，指导和支持他们为质量管理体系的有效性作出贡献”的底层逻辑之上。回头再看那位最高管理者创造的许多辉煌成就，就不会感到意外了。

每个组织在其发展的历程中，都会经历一些关键的节点。这时候，需要最高管理者像副排长鲁湘云一样，以精练的语言为组织的成员指明正确的方向，带领员工奋勇向前。员工在工作中遇到困难的时候，往往是最需要鼓励的时候。员工能够主动为质量管理体系的有效性努力是难能可贵的。在实际工作中，即便员工的想法不太成熟，各级管理者也一定要倍加爱护和珍惜，为员工提供必要的支持。

这方面一点小的失误都可能让之前的努力付之东流。

i 项“推动改进”。改进是 PDCA 循环的最后一个阶段。改进无止境，即使组织的质量管理体系能够稳定地运行，最高管理者仍然需要持续改进。

首先，应监视和测量组织内部的各种过程，特别是关键过程和特殊过程；其次，通过分析和评价监视和测量的结果可以发现大量的改进机会；最后，实施改进。

选择监视和测量项目、正确分析和评价、实施改进，均需要相应的能力。最高管理者必须安排相关的培训，让有关人员掌握这些能力。

j 项“支持其他相关管理者在其职责范围内发挥领导作用”。做好这一项的前提是组织有适当的区域划分，例如参照质量管理体系模型进行划分。每个区域都有明确的管理者，且对区域管理者提出明确的领导作用要求。

最高管理者在此所做的各项工作，其他相关管理者应效仿并在自己负责的领域开展相同的工作。最高管理者应支持相关管理者，确保他们能够证实他们的领导作用。

同时，最高管理者必须关注各级管理者的绩效。由于存在各种各样的风险，很多工作远没有想象的那么容易，各级管理者常常需要各方面的支持，才能达成预期的目标。新入职的团队成员尤其需要这种支持，特别是在必须确保完成任务的工作和项目中，最高管理者应提供更多的资源，例如，额外提供 30% 甚至 50% 的资源。

此外，必须要求相关管理者承担相应的责任。例如，某个过程经常无法达成预期结果，那么相关的管理者应考虑是否为过程提供了必要的资源，特别是过程相关人员是否具备相应的能力、过程的监视和测量项目是否适宜等因素。

上述 10 项要求之间相互支持，相互补充，构成了最高管理者完整的领导作用。为了更好地发挥领导作用，组织应对每一项要求进行监视和测量，定期分析和评价，必要时实施改进。

上述的各项要求，大部分在标准后续的章节中都有具体的措施提供支撑。最高管理者应针对每一项的具体情况，考虑 5W2H，并制订相应的措施。

此外，在开展以上各项工作时，必须按照标准第 7 章的要求，考虑知识、能力和意识；以及本章第 3 节的要求，考虑角色、职责和权限，做出明确规定并经常检查，详见表 3-1。

表 3-1　与领导作用有关的角色、要求、职责、权限

角色	要求	职责	权限
责任人	a）对质量管理体系的有效性负责	设立机构，组织管理评审，定期检查	每年 1 次，必要时 2 次
保证者 / 支持者	b）确保制定质量方针和质量目标，并与组织环境相适应，与战略方向相一致	“建立”和“确保一致”，指派人员完成，委托分管副总批准质量目标	批准质量方针
	c）确保将质量管理体系要求融入组织的业务过程	按照标准的要求监视测量、内部审核	审核次数及审核时间
	e）确保质量管理体系所需的资源是可获得的	确定资源，提供资源，管理评审	审核次数及审核时间
	g）确保质量管理体系实现其预期的结果	各个职能、层次建立目标，组织管理评审、提供充分的资源	审核次数及审核时间
	h）支持员工为管理体系的有效性作出贡献	提供资源	—
	j）支持其他相关管理者证实其领导作用	提供资源、表彰和奖励	—
促进者 / 推动者	d）促进过程方法和基于风险的思维的应用	现场指导、组织管理评审	审核次数及审核时间
	促使人员积极参与	深入一线，给员工最直接的鼓励；表彰、奖励有贡献者	每人每次 ×× 元以下
	i）推动改进	正确的导向，积极寻找改进的机会，表彰、奖励重大改进	每项 ×× 元以下
传达者	f）沟通有效的质量管理和符合质量管理体系要求的重要性	专题会议、宣传栏、小视频	每月 1 次
指导者	h）指导员工为体系的有效性作出贡献	委托人力资源部组织体系培训，亲自参与体系的改进	每年 12 次

例如，为了（Why）传达“有效的质量管理以及满足质量管理体系要求的重要性（What）”，企业可以于每周五下午（When）由最高管理者（Who）在公司培训中心（Where）组织（How）相关人员（Who）研讨（How）1 小时（How much）。

发达国家有大量的职业经理人在管理各种类型的组织。这些职业经理人通常接受过高等管理教育，有的还获得了工商管理学硕士学位（MBA）。他们对管理各种类型的组织有深刻的认识和全面的训练，个人有较高的职业素养，能够比较好地发挥领导作用。

在我们的企业中，不少所有者和高级管理者缺乏某些必要的职业素养（知识、能力和意识），满足领导作用的要求存在一定的困难，这是需要努力改进的。

幸运的是，现在互联网非常发达，我们可以轻松找到成功企业家的文章、演讲视频以及各种小故事，从中了解他们的经营理念和领导作用。最高管理者可以在工作中学习和模仿这些成功经验，更好地发挥自身的领导作用。如果把这种学习融入质量管理体系的框架中，将会取得意想不到的效果。

5.1.2 以顾客为关注焦点

最高管理者应通过确保以下方面，证实其以顾客为关注焦点的领导作用和承诺：

a）确定、理解并持续地满足顾客要求以及适用的法律法规要求；

b）确定和应对风险和机遇，这些风险和机遇可能影响产品和服务合格以及增强顾客满意的能力；

c）始终致力于增强顾客满意。

这一小节是为落实“以顾客为关注焦点”原则而对最高管理者提出的要求。要求的活动仍是“证实”。证实的方法是要求最高管理者开展 a、b、c 三个方面的工作。这些活动要求最高管理者亲自参与，不可假手于人。其中，a 项要求开展“确定”“理解”“持续满足”3 项活动，具体的顾客要求见标准“8.2.2 与产品和服务有关的要求的确定”，适用的法律法规要求见“4.1 组织环境”；b 项是“5.1.1 总则”中 d 项“基于风险的思维”在“符合性”和“增强顾客满意能力”两个方面的具体应用。c 项是最高管理者的关注焦点，应监视和测量相关的过程。

我们罗列了标准中领导作用原则可开展的活动，供读者参考。

2.3.2　领导作用

…………

2.3.2.4　可开展的活动

可开展的活动包括：

——在整个组织内，就其使命、愿景、战略、方针和过程进行沟通；

——在组织的所有层级创建并保持共同的价值观，以及公平和道德的行为模式；

——培育诚信和正直的文化；

——鼓励在整个组织范围内履行对质量的承诺；

——确保各级领导者成为组织中的榜样；

——为员工提供履行职责所需的资源、培训和权限；

——激发、鼓励和表彰员工的贡献。

第二节　方　针

3.5.9　质量方针　quality policy

关于质量（3.6.2）的方针（3.5.8）

注 1：通常，质量方针与组织（3.2.1）的总方针（3.5.8）相一致，可以与组织的愿景（3.5.10）和使命（3.5.11）相一致，并为制定质量目标（3.7.2）提供框架。

注 2：本标准中提出的质量管理原则可以作为制定质量方针的基础。

以上是术语“质量方针”的定义。

5.2.1　制定质量方针

最高管理者应制定、实施和保持质量方针，质量方针应：

a）适应组织的宗旨和环境并支持其战略方向；

b）为建立质量目标提供框架；

c）包括满足适用要求的承诺；

d）包括持续改进质量管理体系的承诺。

这一节是具体落实 5.1.1 小节“b）确保制定质量管理体系的质量方针和质量目标，并与组织环境相适应，与战略方向相一致”的要求。

像海尔、格力这样的成功企业，它们有一个共同点，那就是非常重视企业文化建设，而质量方针是企业文化的一个重要部分。

“5.2.1 制定质量方针”对最高管理者提出两项要求，应该记录到最高管理者的职责中。

第一项要求是建立、实施和保持质量方针，包含 3 项活动。第二项要求是有关质量方针的 4 项限制条件，是控检点。

组织的质量方针必须与自身的主要目的和意图相适应、与组织的内外部环境相适应，这是领导作用的关键。我们可以将我们的宗旨放到一个更广阔的空间，例如从一个省级范围扩大到全国范围，并重新理解它。在此基础上，制订相应的质量方针，从而为组织的质量目标提供一个更大的框架。

最后两个限制条件是两项承诺：满足适用要求、持续改进。这是将“5.1.1 总则”的要求 f 项和 i 项转换成质量方针的一部分。

是否可以使用质量管理体系七大原则或其中的一部分，来制定组织的质量方针？术语“3.5.9 质量方针”注 2 回答了这个问题：可以。例如，某公司的质量方针是：关注顾客，领导作用，全员参与，持续改进。七大原则是适用于所有组织的原则，因此，大多数企业都可以用来作为质量方针。如果组织希望凸显组织文化和业务的特点，可以在此基础上进行调整，或者在质量方针的补充说明一类的文件中，说明组织的质量方针的特殊背景或者含义。例如，顾客对设备的要求比较多，沟通过程中容易出现错误。因此，设备生产企业把关注顾客的重点放在理解顾客的要求，用“理解要求”代替“关注顾客”，作为组织的质量方针。“理解要求”的范围比“关注顾客”的范围要小得多，更加突出重点。

此外，《要求》中包含了多项落实七大原则的要求。如果组织用七大原则或其中的部分原则制订质量方针，那么，这些要求便成为组织落实质量方针的要求。这对组织落实质量方针有更大的帮助，能够更好地保证质量方针的实施。

企业中常常存在一些影响发展的不良观念，比如各级管理人员对待学习的态度存在错误。并且为了使自己的错误态度看上去有其合理性，人们常常用“工作忙，没有时间学习”等一类借口。这种学习态度也会表现在质量管理体系标准的学习活动中，进而阻碍企业建立和实施质量管理体系。企业可以针对这类观念，制订质量方针，帮助员工改进各种不良观念。为此，某企业制订了一条质量方针——“摒弃旧念”。为了落实这条质量方针，该企业定期检讨内部的陈旧观念并采取措施加以改进。

一些组织中常见的其他消极意识，我们将在本书第五章第三节“意识”中讨论。

> 5.2.2　沟通质量方针
>
> 质量方针应：
>
> a）可获取并保持成文信息；
>
> b）在组织内得到沟通、理解和应用；
>
> c）适宜时，可为有关相关方所获取。

“5.2.2　沟通质量方针”是组织内部最重要的沟通内容之一（见 7.4 沟通）。

a、b、c 三项都是沟通质量方针过程的“控检点”。

组织应当利用多种方式在内部沟通质量方针，促进理解和应用。例如，每月安排固定时间，在中高层管理者中开展关于质量方针或者其中某一部分的研讨活动。此外，还应积极与相关方沟通质量方针。

质量方针是可获得的成文信息，是制订质量方针过程的输出，其关键是理解和应用。组织内部的员工须能够根据组织的质量方针来确定自己的行动。例如，根据“明确需求”，改变过去的行为和方法，从而提高确定需求过程的有效性和效率。高层管理者通常有更好的理解能力和执行能力，他们的参与可以加快组织改进的步伐。

当相关方希望了解组织的质量方针时，组织可以提供给他们。因此，质量方针及相关文件不必采取保密措施。

第三节　组织的岗位、职责和权限

本节讨论的内容涉及组织本身具有的一些特征（见术语“3.2.1　组织 organization”）。这也是 5W2H 中考虑的重要因素，包括 Who（谁）、What（做什么）

和 How much（多少 / 准则）。

> 5.3 组织的岗位、职责和权限
>
> 最高管理者应确保组织相关岗位的职责、权限得到分配、沟通和理解。
>
> 最高管理者应分配职责和权限，以：
>
> a）确保质量管理体系符合本标准的要求；
>
> b）确保各过程获得其预期输出；
>
> c）报告质量管理体系的绩效以及改进机会（见 10.1），特别是向最高管理者报告；
>
> d）确保在整个组织中推动以顾客为关注焦点；
>
> e）确保在策划和实施质量管理体系变更时保持其完整性。

这一节英文版的标题是“5.3 Organizational roles, responsibilities and authorities”，有两种翻译：组织的岗位、职责和权限；组织的角色、职责和权限。

质量管理体系标准的要求是按过程模型编写的。模型包括：输入源、输入、起点、活动、终点、输出、接收方和控检点 8 个元素，其中并不包括人员。负责完成活动的人员，只是以“资源”这一类输入之中的人员之方式参与过程。例如，完成“确定”活动的员工与完成“评审”活动的员工的差别，就是他们在管理体系中的差别。因此，除最高管理者外，在体系中负责完成什么活动，是人员的唯一特征。

第一段包含一项要求和一种活动，其内容涉及分配、沟通和理解相关岗位的职责和权限，其范围限于组织内部。例如，某公司的仓库设置了库存的上限，并规定当库存超过上限时，仓库管理人员有权拒绝接收外部供方送来的物料。仓库应就这项规定与公司的采购部、品质部等部门沟通，以确保他们理解规定及其目的。此外，采购部应与外部供方沟通，以免给外部供方带来不必要的损失。尽管如此，仍然存在一定的风险，因此该公司应制订相应的风险应对措施。例如，A 供应商送来一批货物，仓管员感觉数量太多，对库存的状况影响比较大，便拒绝接收他的货物。正在这时，B 供应商又送来一批货物，仓管员认为对库存的状况影响不大，便收下了 B 供应商的货物。此时，站在一旁的 A 供应商可能会感到不公平，甚至怀疑仓管员有意刁难。类似的情况还有很多，如工作安排、工作评价等。组织的过程运行的心理环境因素，就是这样逐渐形成的。

第一项要求是针对最高管理者提出的，是落实“领导作用”原则的重要措施，同时也是落实“全员参与”原则的重要措施。最高管理者应将这项要求放在重要位置。

第二段包含 5 项具体要求，组织必须为每一项要求指定人员并规定人员的职责和权限。这是标准明确规定的 5 类职责和权限。

（1）职责

a 项“确保质量管理体系符合本标准的要求”，组织中由谁具体负责质量管理体系工作，此人便要承担此项职责。同时，组织应赋予此人相应的权限，例如有关体系变更的决定、为体系提供资源的决定等等。变更可能涉及一些人员和权限，需要得到相关部门的理解和支持。

b 项“确保各个过程获得其预期输出”，为每一个过程指定一名责任人，负责获得过程预期的输出。一些重要过程的负责人，应有更大的权限。例如，变更过程的某些准则等等。

以图 3-1 中的“在库机加工件数量监视员”为例。他的岗位是监视岗，角色是监视员，职责是监视在库机加工件数据并将数据输出给接收方，权限是“查询 ERP 系统”的部分数据。

在库机加工件数量监视员

名称：在库机加工件数量（个）监视岗
部门：仓库
时间：每个工作日上午 9 时前 / 每日 1 次
角色：在库机加工件数量监视员
输出：即时数据
接收：采购部、体系
方法：查询 ERP 系统
职责：a）数据准确
　　　b）不负责数据符合预期
　　　c）及时
权限：相应数据的查询权
期限：□长期　□ 1 年　□ 6 个月

图 3-1　在库机加工件数量监视员

在具体的工作过程中应注意：首先，应明确规定访问的范围，以免越权，造成信息泄露；其次，要与资讯部门沟通，否则 ERP 系统的管理员可能不允许他访问该系统的那部分数据；最后，监视员本人须理解这项工作的意义，具备相应的能力，认真履行职责。

值得一提的是，“职责：b）不负责数据符合预期”明确规定了这个岗位不承担的责任。规定非职责的好处有 2 个：减轻员工的心理压力；人员调整之后，新担任该岗位的员工也能清楚职责范围。

c 项“报告质量管理体系的绩效以及改进机会（见 10.1），特别是向最高管理者报告”，这项工作原来是管理者的职责，现在由分管的副总经理承担。管理评审和内部审核的结果可以提供具体的绩效的数据和改进的机会，分管的副总应认真履行职责，并向最高管理者报告。

这项职责没有排他性，组织可以通过“总经理信箱”一类的方式，让所有的成员都能够向最高管理者报告改进的机会。这将成为最高管理者“促进改进”的一个有效措施。

d 项“确保在整个组织中推动以顾客为关注焦点”，这是标准中唯一明确要求开展的、有关一项原则的活动及预期。组织内部应策划“顾客及顾客需求识别过程”，识别外部顾客和内部顾客，然后确定每个顾客的需求，将顾客与相关的过程挂钩，在这些过程中充分评估风险，制定应对措施，并应通过监视和测量，确定员工以顾客为关注焦点的数据。

质量管理体系运行过程中出现的各种不合格，往往也是缺乏“以顾客为关注焦点的意识”的表现。深刻理解这一类不合格的原因，对增强员工“以顾客为关注焦点”这一意识将有很大的帮助。

e 项“确保在策划和实施质量管理体系变更时保持其完整性”，策划和实施质量管理体系的变更是一个新的 PDCA 循环的开始。负责这类过程的员工，必须反复对照标准的要求，考虑各种风险，并确保变更后质量管理体系的完整性。不能因为变更而导致标准对组织的质量管理体系的某些要求无法得到满足。这一点在“6.3 变更的策划”和“8.1 运行的策划和控制”中有更加明确的要求。

以下是质量管理体系运行需要的部分角色：

策划者、实施者、检查者、监视者、测量者、分析者、评价者、改进者、输入源、接收者（方）、控制者、领导者、审核者、责任人、保证人、促进者、传达者、推动者、支持者。

（2）权限

我们在第二章曾经讨论过准则和方法。权限就是与权力相关的准则，它通常是组织赋予某个角色的有限的权力，但也存在一些特殊情况。

例如，某一特定类型的采购员在采购过程中必须以核价员核定的价格为基础与供应商议价。如果核价员核算某种货物的价格是 100 元，采购员就只能以不高于 100 元的价格采购这种货物。采购员的采购价格的权限是由核价员确定的，假如采购员的采购价格是 110 元，那么他就需要向上级请示。

在公司经营过程中，存在大量需要判断的场景。如果没有准则，员工在具体操作时，几乎每一项工作都必须向上级请示。然而，上级有可能因为其他工作无法及时回复下属的请示，这将大大降低公司经营的效率。拥有多个管理层级的企业，情况将更加糟糕（图 3-2）。供应商的报价高于核定的价格，采购员询问主管，主管询问经理……；总监通知经理说不行，经理通知主管……如此往复，效率低下。

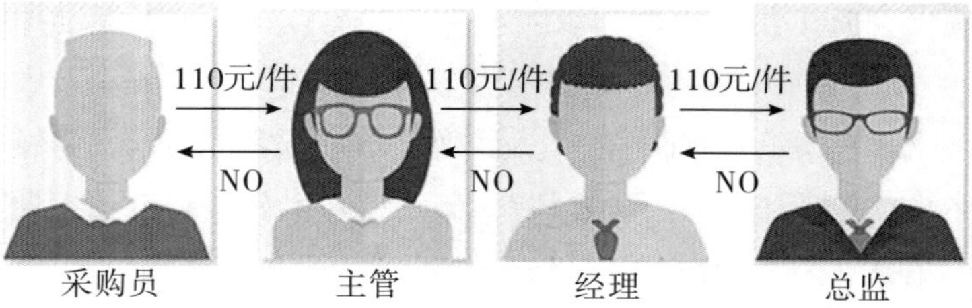

图 3-2　多管理层级对沟通效率的影响

从另外一面看，某些公司内部常常有一些非常重要的决定，但却没有规定权限，任何人都可以拍板决定，这不免让人感到疑惑。例如，仓管部门经理在未经策划，也未获得任何授权的情况下，决定改变生产物料的发料方法。在这种情况下，给公司造成各种损失也是常有的事。

规定权限之后，有些企业担心员工会滥用权限，这是可以理解的。管理评审是防止这类问题的有效措施。企业可以结合风险评估，根据风险的高低来确定评审的密度。

对众多企业来说，推行质量管理体系刻不容缓。为更好地推行质量管理体系，企业必须明确角色、职责和权限的规定，积极做好沟通并确保员工充分理解相关规定。

读者可能已经注意到了，本节的要求和“4.4.1　组织应按照……”的要求非常相似。这是从领导作用的角度来落实管理体系的要求。在公司内部，最高管理者通过人力资源部门来确定不同角色的职责和权限。

最后，如果组织不能提高领导作用，其他工作做得再好，对组织绩效的改进也将非常有限。因此，组织必须致力于发挥领导作用。在领导作用方面的努力，将能够使组织取得更大的进步。

我们罗列了标准中全员积极参与原则可开展的活动，供读者参考。

2.3.3 全员积极参与

…………

2.3.3.4 可开展的活动

可开展的活动包括：

——与员工沟通，以增强他们对个人贡献的重要性的认识；

——促进整个组织内部的协作；

——提倡公开讨论，分享知识和经验；

——让员工确定影响执行力的制约因素，并且毫无顾虑地主动参与；

——赞赏和表彰员工的贡献、学识和进步；

——针对个人目标进行绩效的自我评价；

——进行调查以评估人员的满意程度，沟通结果并采取适当的措施。

请相信，发挥领导作用可以创造奇迹！

第四章 » 策　划

《要求》第 4 章到第 10 章中，出现了 24 处“策划”，说明“策划”是一项非常重要的质量管理活动。2000 多年以前，我们的祖先已经有“凡事预则立，不预则废”的理念，早已强调了策划的重要性。

本章将讨论标准第 6 章的内容，其标题是“策划”，说明这一章的内容，是关于 PDCA 循环的策划（Plan）阶段的要求。前两节是策划的主要内容，第三节是一类特殊的策划。

3.3.5　质量策划　quality planning

质量管理（3.3.4）的一部分，致力于制定质量目标（3.7.2）并规定必要的运行过程（3.4.1）和相关资源以实现质量目标

注：编制质量计划（3.8.9）可以是质量策划的一部分。

将上面“质量策划”定义中的“质量”二字全部去掉，就是“策划”的定义了。

3.8.9　质量计划　quality plan

对特定的客体（3.6.1），规定由谁及何时应用程序（3.4.5）和相关资源的规范（3.8.7）

注 1：这些程序通常包括所涉及的那些质量管理（3.3.4）过程（3.4.1）以及产品（3.7.6）和服务（3.7.7）实现过程。

注 2：通常，质量计划引用质量手册（3.8.8）的部分内容或程序文件（3.8.5）。

注 3：质量计划通常是质量策划（3.3.5）的结果之一。

“质量策划”的注告诉我们,“编制质量计划(3.8.9)可以是质量策划的一部分”。“质量计划”的注3告诉我们，“质量计划通常是质量策划（3.3.5）的结果之一”。策划是一个过程，其中主要的活动是“策划”，过程的输出之一是“计划”。计划是针对特定客体的一种规范，规定由谁（Who）、何时（When）、如何（How）应用程序和相关资源，以达到预期目标。计划常常以成文信息的形式在各个过程之间传递。

第一节 应对风险和机会的措施

本书的第一章第六节介绍了风险的概念，并提出了一个问题：为什么工作中会出现不合格？本节将讨论应对风险和机会的措施，并尝试回答这个问题。这是PDCA循环的第一个阶段——策划阶段的主要内容，分成两个小节。

> 6.1.1 在策划质量管理体系时，组织应考虑到4.1所提及的因素和4.2所提及的要求，并确定需要应对的风险和机遇，以：
>
> a）确保质量管理体系能够实现其预期结果；
>
> b）增强有利影响；
>
> c）预防或减少不利影响；
>
> d）实现改进。

这是“活动+目的”的模式，包括1项要求、2项活动和4个目的，是策划质量管理体系的一部分内容。

考虑4.1的因素和4.2的要求表明，确定内/外部环境过程、确定有关相关方及其需求过程的输出，是这一个过程的输入或输入的控检点。

标准的编写者非常重视质量管理体系运行中的各种影响。按确定性和不确定性划分影响，后者就是风险或机会。此外，还可以按预期和非预期划分影响。两种划分方法结合，可以形成四种组合，即“影响”的四个特性值，如表4-1所示。

表 4-1　影响的组合

项目	预期影响	非预期影响
确定性影响	合格	不合格
不确定性影响	机会	风险

第二项活动是确定输入中需要应对的风险和机会。

这一过程有 4 个不同的目的，可分为 5 个层次的结果：

①最低的要求是，当出现了非预期的影响时，采取措施减少非预期的影响。例如，产品交付需要的物料出现延迟，是非预期的影响。企业必须采取措施，减少这种情况对最终交付的影响。

②高一级的要求是，在尚未出现非预期的影响，但是有可能出现非预期的影响时，应采取措施防止非预期的影响发生。例如，当某个供应商多次提出无法按时交付时，采购部门不能无动于衷。

以上两项是应对风险的措施。

③再高一级的要求是采取措施以确保预期的结果，达到最初的目标。

④更高一级的要求是采取措施以增强期望的影响，超越最初的目标。

⑤最高一级的要求是持续改进，追求更高的目标。

在应对风险和机会的过程中，应以“影响”的四个特性值作为控检点，不断对照检查。通过对照检查，也许能够找出风险的真正原因。例如上面提到，供应商已多次提出可能无法按时交付，但是采购员因为怕麻烦等各种原因，仍然坚持让供应商接受订单，甚至暗示或明示晚几天也没有影响等。可见，真正的风险源在组织内部。消除风险的措施是改变员工的观念。

风险是指那些可能影响过程预期结果的因素。在过程的活动开始（起点）之前，应识别出这些因素，并制订应对措施。无应对措施或措施不当将导致过程的活动结束（终点）后无法达成预期结果，即不合格。这也回答了本节开头的问题。此外，从时间的角度来看，风险和不合格是过程不同阶段的特性。

下面是几种常见的影响：

①业务部门接到一个比较急的订单，将影响正在执行的订单；

②顾客要求提前交付产品和服务；

③产品和服务调试阶段发现设计和开发的不合格；

④采购某个特殊的零部件时遇到异常情况。

组织内的成员在日常工作中往往会遇到更多不同的影响。

6.1.2 组织应策划：

a）应对这些风险和机遇的措施；

b）如何：

1）在质量管理体系过程中整合并实施这些措施（见 4.4）；

2）评价这些措施的有效性。

应对措施应与风险和机遇对产品和服务符合性的潜在影响相适应。

注 1：应对风险可选择规避风险，为寻求机遇承担风险，消除风险源，改变风险的可能性或后果，分担风险，或通过信息充分的决策而保留风险。

注 2：机遇可能导致采用新实践、推出新产品、开辟新市场、赢得新顾客、建立合作伙伴关系、利用新技术和其他可行之处，以应对组织或其顾客的需求。

以上内容包含两项要求。第一项要求是策划。其中，a 项“应对这些风险和机遇的措施”是一项输出要求，注 1 给出了 6 种常用的措施供选择。

避免风险：前述到外地见客户所涉及的风险，可以通过取消面对面商谈，改为通过电话、微信、视频会议等方式商谈，从而避免无法及时赶到机场的风险。

为获取机会而接受风险：这是非常普遍的实践，甚至催生了风险投资行业。尽管管理体系过程运行中的风险往往要低很多，但因为这些风险有可能影响到相关员工在组织内的发展，员工更倾向于避免这些风险。因此，组织应当评价内部整体的风险取向，将其限制在合适的范围内，以减少创新的阻力。

消除风险源：一些具体的工作，可通过安排具备相应知识和技能的员工去完成，以消除风险源。但总的来说，消除了风险源，可能同时也消除了机会。

改变可能性或结果：术语“风险”的注 4 介绍了风险表述的方法，其中一个因素是可能性（见表 1–5）。

应对的措施是降低风险的可能性并提高机会的可能性，这包括选择不良影响较小的风险并选择积极作用较大的机会。以体育彩票为例，不同种类的体育彩票，中奖的可能性不同。中奖可能性小的彩种，中奖难度较大，但一旦中奖，回报相当可观；相反，中奖可能性相对较大的彩种，中奖所获得的回报要少很多。

分担风险：与风险投资机构合作就是一种常见的分担风险的实践。有些客户也愿意与供应商合作，分担合作过程中的某些风险。例如，顾客与供方合作开发一款新设备，如果失败了，顾客承担材料费用，供方承担人工费用。

经过决策而保留风险：从术语“风险”可以知道，风险的根本原因是缺乏知识和理解。我们持续地探索未知世界的整个过程常常与风险相伴。选择保留管理体系运行过程中的风险主要是出于两个原因：上述五种措施的成本太高，与风险产生的不良影响不成比例。

b 项要求考虑 2 个方面：

“1）在质量管理体系过程中整合并实施这些措施（见 4.4）”：标准 4.4 与过程有关的要求实际上为此提供了答案——在考虑过程及过程在整个组织中的应用时，评估风险和机会。此外，按照“全员参与原则”，组织应培养全体成员具有“基于风险的思维”。当组织内越来越多的成员具备这种基于风险的思维时，将会有越来越多的员工能够在各种过程中识别风险并策划应对风险和机会的措施。此外，所有的措施必须和过程融为一体，不能生搬硬套。

“2）评价这些措施的有效性”：要避免采取简单消极的风险应对措施。这样的措施实际上只是将可能的不合格直接转换为确定的不合格，因而放弃了一些达成预期的机会。组织内部往往有大量的这类现象，每一次单独看仅仅是失去了一些机会，但将这些措施汇集到一起，造成的损失是非常惊人的！通过评价措施的有效性，可以避免这类情况的发生，并为今后制订应对风险的措施提供参考。

标准中 5 次要求评价措施的有效性，表明这项工作非常重要，必须认真做好。评价措施的有效性是标准第 9 章的要求，与其相关的过程是本过程的输出接收方。

当一类措施的有效性比较低时，这可能与相关人员的意识有关。例如，不能严格要求自己，为自己保留非常大的余地，给上下游的余地却少得可怜，导致整体的有效性低下。

第二项要求是组织应掌握风险和机会应对措施的分寸，不能大事化小，也不能小题大做。

注 2 是关于机会的价值。举例来说，假设企业有机会接到一个大额订单，远远超出其生产能力。那么，企业应该如何处理这个情况？

有人可能认为，只要是订单就应该接；而另一些人可能认为风险太高，不宜接这个订单。实际上，这两种处理方法都是缺乏“基于风险的思维”的表现，前者可能会给企业带来巨大的损失，而后者则等同于将风险直接转换成不合格，可能导致企业因此失去一个好机会。

正确的方法应该是先评估风险，然后根据评估结果采取应对措施。参考注1中的建议，业务部门可以考虑采取以下措施：与其他顾客协商，调整其他项目的交货期；只承接订单的一部分；承接全部订单并将一部分外包出去；延长交货期；等等。

辩证法强调内因的作用，而领导作用则突出了各级领导在质量管理体系中的重要作用。企业遇到的各种重要问题，最终都由高级管理者，甚至是最高管理者来制订应对措施。因此，必须重视与高级管理者，特别是最高管理者相关的风险。

此外，组织内每一位成员都应树立一种理念：不要成为同事的风险源！

第二节 质量目标和实现计划

本节分为两个部分。首先，制订质量目标；然后，制订一个计划，说明如何实现质量目标。

> 6.2 质量目标及其实现计划
>
> 6.2.1 组织应针对相关职能、层次和质量管理体系所需的过程建立质量目标。
>
> 质量目标应：
>
> a）与质量方针保持一致；
>
> b）可测量；
>
> c）考虑适用的要求；
>
> d）与产品和服务合格以及增强顾客满意相关；
>
> e）予以监视；
>
> f）予以沟通；
>
> g）适时更新。
>
> 组织应保持有关质量目标的成文信息。

6.2.1包含3项要求。第一项要求涉及制订质量目标的领域——职能、层次和过程；第二项要求是制订和传达质量目标的方法；第三项要求是保持质量目标的成文信息。

《基础和术语》中没有“职能”这一术语。根据《现代汉语词典》的定义，“职能”意思是“人、事物、机构应有的作用；功能”。《要求》中只有这一处提及“职能”，因此，我们无法从标准中看到职能在管理体系中的作用。按传统的管理方式，倒是比较容易明确职能的作用。

第一段规定了组织建立质量目标的三个领域。根据这一规定，对质量管理体系具有重大影响的职能、角色，包括总经理等公司高层、各部门负责人等，应制订质量目标；不同层次应制订不同的质量目标；重要过程尤其要制订质量目标。由于高级管理者通常分管多个部门，因此需要选择关键的质量目标。

接下来是有关质量目标的 7 项具体要求，这是制订质量目标过程的“控检点”。

我们可以采用第二章中介绍过的“体系漏斗”方法。在各个职能、层次和过程建立质量目标，便完全可以满足上面的 7 项要求。

这一方法的逻辑基础如下：

①标准要求的监视项目都是质量管理体系运行的重要职能、重要层次、重要过程中的项目；

②监视项目中，只有一部分可以进行测量；

③我们最终会从测量项目中选出一部分项目作为质量目标。

经过一段时间的改进，利用这种方法制订的质量目标必定是完全符合上述 7 项要求的好目标。

c 项“考虑适用的要求”是要求组织在制订质量目标时，应考虑相关的标准要求。例如，在制订最高管理者的质量目标时，须考虑“5.1.1　总则”的全部要求。这样的体系，具有更加旺盛的生命力。

d 项“与产品和服务的符合性以及增强顾客满意有关”是“以顾客为关注焦点”原则的具体体现。在管理体系运行的过程中，应经常对照检查。在制订质量目标时，这更是一个不容忽视的重点。

质量目标是按照体系漏斗从监视项目中挑选出来的。项目被选定为质量目标之后，按照原先的方法继续监视和测量该项目，就能够确保符合“e）予以监视”的要求。

f 项“予以沟通”，这项要求是标准“7.4　沟通”所指的内容之一。一些过程的质量目标涉及多个部门，可能对相关部门的工作提出要求，且需要这些部门的支持，因此，部门之间需要充分的沟通。总之，质量目标涉及的范围非常广，沟通的工作量非常大，运用的沟通方法也多种多样。正因为如此，有必要加强质量目标的沟通，使其能够被更多的组织成员理解，并鼓励他们努力实现目标。

g 项“适时更新”，通常分为两种情况：一是当工作顺利，提前达成目标，可适当提高目标；二是当测量数据超过一定的范围，比如低于目标值 10%，则应立即采取措施，包括重新考虑标准 6.2.2 中提到的各种因素，而不应等到目标制订的最后时间期限才采取行动。

最后，“组织应保持质量目标的成文信息”，这一要求，除了平时应注意，在内部审核时也应重点检查。

6.2.2 策划如何实现质量目标时，组织应确定：

a）要做什么；

b）需要什么资源；

c）由谁负责；

d）何时完成；

e）如何评价结果。

6.2.2 小节包含 1 项要求，涉及 5 个方面。这些方面对应 5W2H 中的元素如下：

a 项“要做什么”（What）：上一节已经提供了答案：沟通、监视、测量、考虑适用的要求、适当时进行更新、保持质量目标的成文信息。

b 项“需要什么资源”：标准中“资源”有明确的含义，包括人员、基础设施、过程运行环境、监视和测量资源、组织的知识。组织需要根据不同质量目标的特点，配备相应的资源。例如上一章提到的“监视岗”，需要配备至少一名员工、电脑设备、连接服务器的网络和 ERP 系统 4 类资源。员工必须被授予一定权限，具有与监视内容相关的知识，并具备获取数据的能力。

然后，需要确定两个方面的事项：c 项“由谁负责”（Who），d 项“何时完成”（When）。

最后是 e 项“如何评价结果”（How）。这要求组织在策划实现质量目标方案时，必须考虑评价结果的方法，而不仅仅确认是“达成目标”或“未达成目标”。

在制订某个职能、层次或过程的目标时，通常会设定一个目标值。当到达预定目标时间时，组织通过将最新测量得到的目标值与设定值进行比较，评价结果，并得出是否达成质量目标的评价结论。联系第一节谈到的评价措施的有效性，这个评价结论也是重要的有效性评价指标。如果评价结论得分较高，说明措施有效，可以推广到其他质量目标的实现计划中。

我们需要通过不断实践，提高实现质量目标的能力，从而提高持续满足法律法规和顾客要求的能力。

第三节　变更的策划

之前的章节中讨论过，“策划（Plan）”是PDCA循环的开始。本节“变更的策划”是指，在前一轮的管理体系运行过程中发现了质量管理体系变更的需求，在进入下一轮循环前，需要进行变更的策划。

> 6.3　变更的策划
>
> 当组织确定需要对质量管理体系进行变更时，变更应按所策划的方式实施（见4.4）。
>
> 组织应考虑：
>
> a）变更目的及其潜在后果；
>
> b）质量管理体系的完整性；
>
> c）资源的可获得性；
>
> d）职责和权限的分配或再分配。

第一段是一个“条件语句”，当满足“当组织确定对质量管理体系进行变更时”的前提条件时，“变更应按所策划的方式实施（见4.4）”。

第二段的要求提出了四项需要考虑的因素。

对于a项，变更要有清晰的目的，即希望通过变更达到什么预期的目的。如在第二章第一节第四小节“评审”部分讨论的，评审的重点是客体的适宜性、充分性和有效性，改进这三个方面也是大多数变更的目的。其次，应考虑一些过程的变更及变更的目的。由过程组成的管理体系，过程之间会相互作用、相互影响。因此，除了需要考虑变更可能产生的各种后果，还要对那些比较重要的变更进行风险评估，制订风险应对措施。

举个例子，某公司为了降低库存，制订了一项新规定：在特定情况下，仓库管理人员有权拒绝接收外部供方送来的物料。这项规定将影响该公司的采购部、品质部等多个部门，同时影响外部供方。因此该公司应考虑这项变更的潜在后果。

对于b项，通过对比变更前后涉及的标准要求，我们可以判断该变更是否影响体系的完整性。

c项要求考虑“资源的可获得性”。这是所有过程都必须考虑的要求，也是对最高管理者的要求。这项要求将在下一章重点讨论。

d项是“5.3 组织的岗位、职责和权限”考虑的内容。职责变了，相应的权限也会发生变化。

这些“应考虑”的内容都应被视为“控检点”。此处特别要强调检查“变更的目的”，即希望通过变更达到什么预期。管理体系和过程本身有其预期。经过管理评审、内部审核等过程，如果确定这些预期不合适，那么变更的目的可以是改变体系或过程的预期；如果这些预期是合适的，变更的目的将是改变实现那些预期的方法或所需的资源。

标准包含多条要求组织“考虑”的条文，对组织成员的独立思考能力是一种挑战。组织需要制订一套有关“考虑”的方法和准则。

这一章讨论的内容，大多是内部审核和管理评审的重点，读者必须认真对待。

第五章 支　持

本章内容属于 PDCA 循环中实施（Do）阶段的一部分，另一部分在下一章“运行”。

既然这两部分在标准中分为两章，为什么在 PDCA 循环中不分成两个阶段呢？实际上，它们的内容是密切相关的，不能割裂开来。这两个部分共同构成了 PDCA 循环的实施阶段，各自强调不同的方面。

《基础和术语》“2.2.5　支持”对《要求》“7　支持”的内容有对应的说明，有助于更好地理解。我们将在相应的小节摘录相关内容。

> 2.2.5.1　总则
>
> 最高管理者对质量管理体系和全员积极参与的支持，能够：
>
> ——提供充分的人力和其他资源；
>
> ——监视过程和结果；
>
> ——确定和评估风险和机遇；
>
> ——采取适当的措施。
>
> 负责任地获取、分配、维护、提高和处置资源，以支持组织实现其目标。

最后一句话告诉了我们对待资源应有的态度。对于企业来说，人力资源是不容忽视的重要资源。因此，管理层和各部门的负责人必须认真对待这一项要求。

标准《要求》中的“7　支持”包括质量管理体系和过程运行所需的 5 个方面的支持：7.1　资源；7.2　能力；7.3　意识；7.4　沟通；7.5　成文信息。

我们通常将这些称为支持因素。其中，资源又分为：人员、基础设施、过程运行环境、监视和测量资源、组织的知识 5 个小项。

本章的内容都是确定内外部环境时需要考虑的因素。如果在确定内部因素时遗漏了某些因素，在此发现后，应将其补充到确定内部因素的输出中。这也是一种改进。

第一节 资 源

在过程模型中，资源是一类重要的输入。到目前为止，标准已多次提到与资源有关的要求。例如，在“4.4 质量管理体系及其过程”中，“组织应……d）确定这些过程所需的资源并确保其可获得”。标准“7.1 资源”就是对这些要求的具体落实。

7.1 节分为 6 个小节，第 1 小节是概述，其他 5 个小节分别规定“人员”等 5 个方面的资源。

> 7.1.1 总则
>
> 组织应确定并提供所需的资源，以建立、实施、保持和持续改进质量管理体系。
>
> 组织应考虑：
>
> a）现有内部资源的能力和局限；
>
> b）需要从外部供方获得的资源。

7.1.1 小节中有两项要求，即“确定资源”和“提供资源”。“确定和提供的资源”是“建立、实施、保持和持续改进质量管理体系”所需的资源。这个范围以外的资源不包括在此处的“确定和提供”之内。标准还给出了 ab 两项“确定和提供”的控检点。其中“现有内部资源的能力和局限”将在本章第二节重点论述。

后续的 5 个小节，从 7.1.2 到 7.1.6，都必须遵循 7.1.1 小节中的两项要求及控检点。

一、人员

以下是《基础和术语》中关于人员的说明。

2.2.5.2　人员

人员是组织内不可缺少的资源。组织的绩效取决于体系内人员的工作表现。

通过对质量方针和组织所期望的结果的共同理解，可使组织内人员积极参与并协调一致。

以下是《要求》中关于人员的要求。

7.1.2　人员

组织应确定并配备所需的人员，以有效实施质量管理体系，并运行和控制其过程。

这一项要求包括“确定”和“提供”两项活动。

在第一章第五节“活动”的相关内容中，我们讨论过 5W2H，其中“谁来做”（Who）就是考虑参与活动的人员。“5.3　组织的角色、职责和权限”也是与人员有关的要求。如果将过程视作一个个横向的运动，那么 5.3 和 7.1.2 就是从纵向来看所有的过程（图 5-1）。这需要考虑每个过程中的人员，以及其能力、意识、知识等资源是否能够满足过程的要求。同时，应监视和测量相关的过程元素，确定过程中的角色、职责和权限。

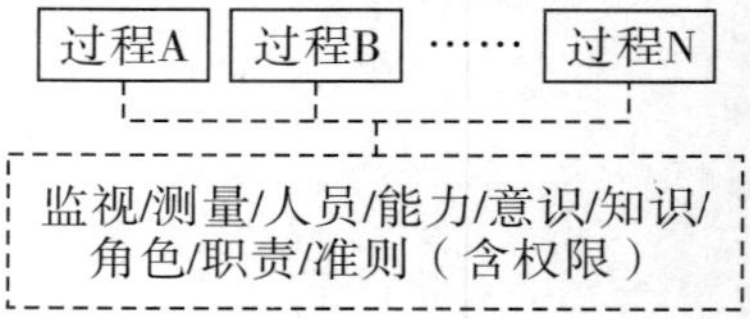

图 5-1

具体而言，“7.1.2　人员”强调了“过程运行和控制所需要的人员”。这其中拥有不少改进的机会，可以从 2 个方面考虑：缺位和错位。

缺位的主要原因是对质量管理体系的认识不足，特别是对过程方法的认识有欠缺，一些人认为某些标准的要求可有可无，因此仍然按照过去的方法安排人员，致使一些重要的过程长期缺乏必要的人员。这在人员方面表现为一些重要的角色长期空缺，管理体系过程需要的人员通常由其他岗位的人员兼任。例如，文件控制基本上是由各部门的文员兼任。这种缺位还会造成相关岗位的上级领导不得不抽时间关注那项工作，从而降低了领导的工作效率。

错位的原因是对岗位的要求不清楚，对员工的能力也不清楚，不能从增值的角度考虑资源的配置。例如，某个员工在当前的工作岗位表现良好时，即使存在更适合他的角色，上级领导往往不愿意调换这名员工去担任那个角色——即使新的角色可以提高管理体系的有效性，同时员工也可以获得更大的成长空间。

没有明确规定人员的另一个危害是，多人同时介入同一项工作，简单重复地做同样的事情，从而造成资源浪费。更糟糕的是，员工往往又寄希望于其他的同事，却没有人真正负责。

通常情况下，人员的成本远高于他的薪酬，但一些企业不太重视这一点。这可能导致企业在业务增长时，未经过必要的评估便大量增加人员，而不是按照标准的要求“认真负责地获取、分配、维护、提高和处置支持组织实现其目标的资源”。这是与人员相关的最大的风险。

相信其他资源也存在类似的情况。

由于存在这些问题，我们失去了许多改进的机会。

二、基础设施

7.1.3 基础设施

组织应确定、提供并维护所需的基础设施，以运行过程，并获得合格产品和服务。

注：基础设施可包括：

a）建筑物和相关设施；

b）设备，包括硬件和软件；

c）运输资源；

d）信息和通讯技术。

这一小节只有1项要求，包含3项活动：确定、提供和维护基础设施。基础设施仅限特定类型，见图5-2中最小的椭圆。其他4个小节也有类似的逻辑关系。

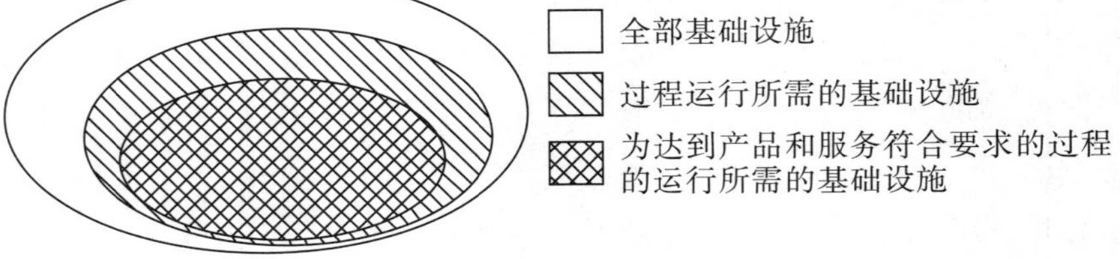

图 5-2　基础设施

注中给出了 4 类主要的基础设施。

一是建筑物和相关的设施。建筑物必须满足消防相关的法律法规要求（外部环境因素）。相关设施包括供电、供气等系统。各种厂房的地面承重指标不相同，同一栋厂房不同楼层的承重能力也不同，企业需要根据自身的生产经营情况选择。地面局部承受重量过大可能会损坏地面，进而影响后续的生产。电梯的尺寸及承重同样很重要。对于那些需要在不同楼层之间多次搬运的生产方式，距离电梯较近的生产活动区域的价值高于其他区域的价值，在规划生产布局时，应有所考虑。仓库应有足够的存储空间，保证库存物品的安全，包括防腐蚀和防丢失。

一般来讲，监视和测量设备对温度和湿度的变化非常敏感，对建筑物内部环境有更高的要求。

二是设备（包括硬件和软件）。设备必须符合安全生产法相关要求（外部环境因素）。

设计开发和软件开发需要计算机及相关的软件，其中，软件的知识产权是重点监视项目。此外，如何充分利用ERP等信息系统的各种功能，值得企业认真探索。

三是运输资源。客货电梯、电动叉车等都是企业的运输资源，而许多工业厂房有专门用于上、下货物的“码头”。电动叉车的操作人员必须持有劳动部门颁发的上岗证书。如果企业内部没有这种资源，那么只能借助外部资源。这种情况下，必须确认其作业人员资质的有效性，这是法规的要求。

四是信息和通讯技术。组织的 ERP 系统、钉钉的考勤功能，以及供应商竞价系统等，拥有强大的信息功能，能够深入挖掘组织内部的各类信息。人员之间的通讯在很大程度上依赖于社交媒体，偶尔也通过电话，但前者的回复时间通常不太可控，因而存在一定的风险。组织应确定通讯重要性和紧迫性的判断准则，以帮助员工选择适当的通讯方式。

最后，企业需要规定基础设施及其他资源维护的角色、职责和权限。

三、过程运行环境

7.1.4 涉及过程运行的环境，其限制条件与 7.1.3 略有不同，但要求仍然是确定、提供和维护特定的环境。

> 7.1.4 过程运行环境
>
> 组织应确定、提供并维护所需的环境，以运行过程，并获得合格产品和服务。
>
> 注：适宜的过程运行环境可能是人为因素与物理因素的结合，例如：
>
> a）社会因素（如非歧视、安定、非对抗）；
>
> b）心理因素（如减压、预防过度疲劳、稳定情绪）；
>
> c）物理因素（如温度、热量、湿度、照明、空气流通、卫生、噪声）。
>
> 由于所提供的产品和服务不同，这些因素可能存在显著差异。

这一小节同样只有 1 个要求，包含 3 项活动：确定、提供和维护环境。注中提供的“控检点”，就是组织的环境应当充分考虑的内容。

a 项社会因素（如非歧视、安定、非对抗）。本书第三章第三节仓管员拒绝接受供应商货物的事例，就是组织内部很多冲突的典型导火索。组织应充分评价类似的风险，制定相应的措施。企业在招聘和员工晋升方面不应有任何歧视性条款，这需要法务人员确定相关条款的适宜性。此外，应监视企业内部时常发生的对抗行为，必要时进行测量、分析和改进。

b 项心理因素（如减压、预防过度疲劳、稳定情绪）。社会因素的根源可能是心理因素。这些都需要组织通过提高管理体系的有效性，不断改进。职位越高的员工，心理压力往往越大。当高管面临一种只与他们自身相关的风险时，他们可能向下属宣泄自身承受的压力。一方面，良好的管理可以大幅降低他们的心理压力；另一方面，组织应监视与这一类的心理因素相关的风险，制订相应的措施，积极引导各级管理人员调整心态，正确地看待压力。此外，面对工作中不断重复的低级错误，任何人都会产生一种抓狂的感觉，良好的管理可以减少错误，为员工提供更加适宜的心理环境。这些都是按照标准建立质量管理体系的收益。

组织应培养员工积极的心态，充分认可员工的贡献，减少内部不必要的冲突。此外，组织内部应当倡导文明用语，培养员工良好的语言习惯，少说“粗话”；还要注意公司内部的“冷暴力”。

c 项物理因素（如温度、热量、湿度、照明、空气流通、卫生、噪声）。劳动法对过程运行环境有一些明确的规定，例如噪声、照明等；严格控制加班时间，可以在很大程度上改善心理因素的影响。这些都是应该监视的因素。有些地区的高温季节较长，因此需要在生产车间内安装空调，以控制温度。舒适的温度不仅可以预防倦怠，还有助于稳定员工队伍。

5W2H 中的“Where（在什么地方）”，就是提醒我们考虑活动需要的场地资源及其物理环境。

制造业一类的组织中存在大量需要人工完成的搬运工作。工业工程（IE）是全面研究这一类工作的学科。组织应根据工业工程的理论来安排搬运工作以及其他对体力有一定的要求的工作。在识别内外部环境时，这些工作大多是重点。特别是在识别员工（相关方）需求时，务必参照标准“注”中的提示，做好识别。在此发现的改进机会可以推动对内外部环境因素认识的提高，这又是管理体系中 PDCA 循环的精妙之处。

四、监视和测量资源

测量的资源主要有：测量人员，测量所需的仪器、设备，测量所需的环境条件及设施，与测量方法有关的支持性文件。

7.1.5 监视和测量资源

7.1.5.1 总则

当利用监视或测量来验证产品和服务符合要求时，组织应确定并提供所需的资源，以确保结果有效和可靠。

组织应确保所提供的资源：

a）适合所开展的监视和测量活动的特定类型；

b）得到维护，以确保持续适合其用途。

组织应保留适当的成文信息，作为监视和测量资源适合其用途的证据。

第一段是“条件 + 活动”的模式。在特定条件下，即“当利用监视或测量来验证产品和服务符合要求时”，组织应确定和提供所需的资源，目的是确保有效和可靠的结果。本书第三章第一节提及的特殊零部件的测量仪器即属此类，而过程的监视和测量不在此范围内。

值得注意的是，第二段要求组织确保所提供的资源符合 2 项具体要求：提供的资源与所进行的监视和测量活动的具体类型相适应，避免无法满足要求或者浪费资源；同时要维护这些资源，目的是确保持续满足使用要求。

第三段是要求保持成文信息。

（1）测量资源及特性

最常见的测量资源大概是钟表一类的时间测量资源。但是，图 5-3 的台秤能让我们更加深刻地体会测量的价值，因为我们需要根据它的测量结果付钱。图中的台秤是电子式的，以前还有机械式的。

实际上，不同种类的交易会使用不同的测量资源，比如加油站使用的测量加油量的装置。

图 5-3 常见的电子台秤

由此可见，这一类测量资源对普通人的生活影响很大。为了保证交易的公平性，国家制定了《中华人民共和国计量法》（图 5-4）。在识别外部环境时，必须要考虑《计量法》的要求。标准多处提到满足法律法规的要求，这一小节是与法律法规直接相关的要求。

图 5-4 《中华人民共和国计量法》

企业的来料检测中也大量使用测量资源。因此，有必要深入了解这些测量资源及其可追溯性。

测量资源一般有两个特性：量程和精度。量程是测量资源的测量范围，精度是测量的最大偏差。例如，一把游标卡尺的量程是 0—200 mm，精度是 0.02 mm，即测量结果的单向偏差不超过 0.02 mm。一个实际尺寸 5 mm 的工件，测量的结果可能是 4.98 mm 到 5.02 mm 之间的任何一个数值。因此，在确定测量资源时，主要是确定它的量程和精度。

测量资源的特性还有“重复性”和“相关性”。

测量重复性（repeatability of measurement）是指在相同测量方法、相同观测者、相同测量仪器、相同场所、相同工作条件和短时期内，对同一被测量项目连续测量所得结果的一致性程度。

随着科技的不断进步，新的测量方法不断出现。当新的测量方法尚未规定校准方法时，常常需要采用一些辅助方法。实际工作中，客户要求同一个测量样品在其外部供方生产的测量装置上得到的测量结果，与在某个国际品牌的测量装置上得到的测量结果进行比较时，其结果必须满足一定的要求。这项工作称作“确认相关性”。

（2）测量的追溯性

测量的追溯性包括 2 个方面：测量资源的追溯性，测量结果的追溯性。

> 7.1.5.2　测量溯源
>
> 当要求测量溯源时，或组织认为测量溯源是信任测量结果有效的基础时，测量设备应：
>
> a）对照能溯源到国际或国家标准的测量标准，按照规定的时间间隔或在使用前进行校准和（或）检定，当不存在上述标准时，应保留作为校准或验证依据的成文信息；
>
> b）予以识别，以确定其状态；
>
> c）予以保护，防止由于调整、损坏或衰减所导致的校准状态和随后的测量结果的失效。
>
> 当发现测量设备不符合预期用途时，组织应确定以往测量结果的有效性是否受到不利影响，必要时应采取适当的措施。

这也是“条件 + 活动”的模式。需要注意的是，测量结果的“有效性（validity）”一词具有“合法性”的含义，这与管理体系的“有效性”的英语单词 effectiveness 不同。此处还需注意另外 2 个词的含义：校准和检定。

校准：在规定条件下，为确定计量仪器或测量系统的示值或实物量具或标准物质所代表的值，分别采用精度较高的、检定合格的标准设备和被校准设备对相同被测量物进行测试，得到被计量设备相对标准设备误差的一组操作，从而得到被校准设备示值数据的修正值。

检定：由法定计量部门或法定授权组织按照检定规程，通过实验，提供证明来确定被检定测量器具的示值误差以满足规定要求的活动。需要注意的是，检定机构可以提供具有法律效力的检定结果证书。

a 项按照能否溯源到国际或国家标准分为 2 种情况。这 2 种情况下都要求对测量设备进行检定或校准，当测量无法溯源时，增加“应保留作为校准或验证依据的成文信息”的要求。

为了保证测量资源的精度是真实可靠的，需要建立一套溯源系统。有些企业建立了自己的计量室，其中包括一些比生产现场使用的同类型测量资源精度等级更高的测量资源。例如，如果现场使用的游标卡尺的精度是 0.02 mm，计量室校准装置的精度必须高于 0.01 mm。现场使用的测量资源需要定期送到计量室进行校准，只有校准合格才能继续使用，否则不能继续使用。计量室的测量资源需要送到更高一级的计量室进行检定。溯源的路径从企业计量室到市级计量中心，再到省级、国家级计量中心，最终到国际计量组织，如图 5-5 所示。这是测量资源可追溯性的含义。

图 5-5 溯源路径

如果测量资源无法溯源到国际或国家标准，组织按自己确定的方法校准后，必须保留成文信息。

b 项要求做好标识，目的是确定校准状态。假设一把游标卡尺在 10 月份进行了校准，但在 12 月份发现不准确，那么在 10 月份到 12 月份期间用它检测过的产品可能都不合格。企业需要采取行动来查清是否有不合格产品。如果 10 月份的校验记录没有保存，那么必须查看更早的记录，并且要一直追溯到那个时间之后检测过的产品，详见图 5-6。

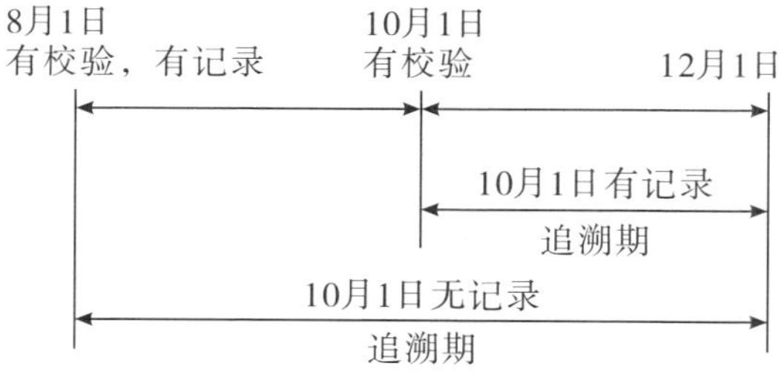

图 5-6 追溯方法

举例来说，某一企业有 3 把游标卡尺，编号分别为 1#、2#、3#。当发现 1# 卡尺的精度不准时，如果企业无法分清哪些产品是 1# 卡尺测量的，哪些产品是精度合格的 2#、3# 卡尺测量的，则必须将那段时间内用这 3 把游标卡尺测量过的所有产品重新测量一次。为避免此类情况的发生，企业在记录测量结果时，应记录使用的是哪一把卡尺。这就是检测结果的可追溯性的含义。

必要的时候，企业要采取纠正措施，消除所有不合格品。

监视和测量装置一般都很精密，稍有不慎，就可能损坏其性能，使用人员也不能随意调整这类资源。因此，保护经过校准的计量资源，以防止可能导致校准状态和后续测量结果失效的调整、损坏或退化，就是 c 项要求的意义。否则，使用这类测量装置可能导致不合格品的检测结果是合格的，而合格品的检测结果是不合格，给后续的过程留下很大的隐患。

此外，需要注意的是，本节主要是针对监视和测量装置的可追溯性要求，而“8.5.2　标识和可追溯性”则是针对产品提出的可追溯性要求。

五、组织的知识

我们已经了解到，风险的真正原因在于缺乏知识和理解。这一小节的作用是帮助组织降低甚至消除风险。

表 2-2 列举了某企业的部分内部环境因素，其中包括知识。企业所需的知识与其顾客的需求相关——顾客需求比较简单，涉及的知识比较少；反之，则涉及的知识比较多。这就是人们常说的“技术含量”的含义。对于众多高新技术企业而言，尤其需要重视组织的知识。

我们在第一章第五节“活动”中讨论过 5W2H，在确定“人（Who）”的时候，必须考虑其所具备的相关知识。在沟通过程中，如果其中一方缺乏相关的知识，那么沟通就无法达到预期的结果。通常，制订计划需要运筹学知识。当负责制订计划的员工缺乏运筹学知识时，他制订的大部分计划是低预期结果的计划。假设一个好的计划目标是 100 分，而低预期计划的目标是 70 分。很明显，后者输在了计划阶段。

7.1.6 组织的知识

组织应确定必要的知识，以运行过程，并获得合格产品和服务。

这些知识应予以保持，并能在所需的范围内得到。

为应对不断变化的需求和发展趋势，组织应审视现有的知识，确定如何获取或接触更多必要的知识和知识更新。

注 1：组织的知识是组织特有的知识，通常从其经验中获得，是为实现组织目标所使用和共享的信息。

注 2：组织的知识可基于：

a）内部来源（如知识产权、从经验获得的知识、从失败和成功项目汲取的经验和教训、获取和分享未成文的知识和经验，以及过程、产品和服务的改进结果）；

b）外部来源（如标准、学术交流、专业会议、从顾客或外部供方收集的知识）。

这一小节分为 3 段，另有 2 条注解。

第一段要求确定所需的知识，其分为 2 类：

①过程运行。比如到电影院买票的过程，需要具备电子支付相关知识；乘坐飞机旅行的过程，需要了解违禁品管控的知识；确定顾客需求的过程，需要与顾客需求有关的知识。

②合格的产品和服务。在建立和运行质量管理体系时，应确定一些准则、能力和知识。为了防止遗漏，应检查每一个过程中这些因素的情况（图 5-1）。

第二段要求维护知识并确保知识易于获取。在需求评审、设计评审等过程中，确定一些帮助理解需求、完成设计所需的知识。那些评审过程就是知识维护和获取过程的输入源。组织须确定维护知识的方法、角色、职责和权限，同时也要确定获取知识的方法、角色、职责和权限。一种有效的方法是将每个工作岗位最常用的知识贴在工作岗位附近。在管理评审和内部审核时，也应注意这一项要求。

为了应对变化的需求和趋势，第三段要求组织应考虑现有的知识，确定如何获取必要的附加知识和所需的知识更新。当前，高度发达的互联网为我们提供了大量有价值的知识。这是一个满足上述要求的有效途径，其关键是对变化的需求和趋势进行充分的风险评估，识别各类风险，并有针对性地获取知识。

此外，顾客往往是非常好的知识来源。但必要时，应验证其知识的合理性。如果有一些与产品和服务有关的知识，需要顾客的相关人员学习和掌握，应重点监视相关人员学习和掌握的程度。

注1很像是“组织的知识”的定义，有3个特点：特有的、从经验中获得、为实现目标。其本质上是使用和共享的信息。从第1个特点可知，不同组织之间的知识有很大的差异。

注2是组织的知识的主要来源。表5-1将获取方法分为2大类和9个小类，组织可以按分类获取知识。

表5-1　组织的知识

类别	获取方法	知识
内部资源	知识产权	发明专利，实用新型专利，软件著作权，注册商标
	从经验获得的知识	三维设计软件SolidWorks可以输出三种零件清单；再生料生产的气管的寿命不到两年
	失败和成功项目中获得的教训和经验	要把产品和服务相关的知识传授给顾客的相关人员；步进电机容易丢步；重量非常轻的材料很难用机械搬运
	获取和分享非文件化知识	铁烧红了，不能用手抓
	过程、产品和服务的改进结果	利用5W2H检查活动；监视库存数据后，库存量下降20%
外部资源	标准	机械设计相关标准，自动控制相关标准
	学术交流会议	激光焊接的熔深；注液泵的选型方法
	从顾客收集的知识	灰尘会影响电池的质量；电芯设备的零部件中禁止含镍、铜、锌三种金属
	从供方收集的知识	轴类零件表面包铁氟龙（聚四氟乙烯）的要点

表5-2列举了7.1.2到7.1.6小节中所涉及的各种“活动”“目的”和“资源”。

表 5-2 主体、活动、目的、资源

章节	主体	活动	目的	所需的资源
7.1.2	组织	确定和配备	有效实施质量管理体系并运行和控制其过程	人员
7.1.3		确定、提供并维护	过程的运行 获得合格产品和服务	基础设施
7.1.4		确定、提供并维护	过程的运行 获得合格产品和服务	环境
7.1.5		确定和提供	确保结果有效和可靠	监视或测量资源
7.1.6		确定和提供	过程的运行 获得合格产品和服务	知识

第二节 能 力

以下是《基础和术语》中有关“能力”的说明。

> 2.2.5.3 能力
>
> 当所有人员理解并应用所需的技能、培训、教育和经验，履行其岗位职责时，质量管理体系是最有效的。为人员提供拓展必要能力的机会是最高管理者的职责。

第一句话应当成为组织建立、实施和运行质量管理体系时，始终不懈的追求。

在电视剧《麓山之歌》中，国企麓山重工有一位全国劳模，她可以用老旧机床加工出非常精密的零件。凭借这种特别的能力，她为企业在涉外知识产权纠纷中获胜立下大功。

标准为组织描绘的4个“预期”，有3个是关于能力的。基于这一点，可以相信，质量管理体系的真正成效是提升组织在各个关键领域的能力。因此，为了企业的可持续发展，企业应当按照标准的要求，有意识地培养自身的能力，尤其是组织的核心竞争力。

一、三种“能力”

《基础和术语》中，有2个涉及“能力”的术语，英文不同，但中文完全相同。

> 3.6.12　能力　capability
> 客体（3.6.1）实现满足要求（3.1.2）的输出（3.7.5）的本领（ability）
> 注：GB/T 3358.2 中确定了统计学领域中过程（3.4.1）能力术语。

这个能力是指“客体的本领”，在讨论客体时使用这一术语。客体的能力必须符合2个条件：实现输出、使输出满足要求，即根据输出满足要求的程度来判断能力的大小。在《要求》中，只有“0.1　总则”中“‘能’表示可能或能够”和“7.1.1　总则……a）现有内部资源的能力和局限”2处作此解释。

> 3.10.4　能力　competence
> 应用知识和技能实现预期结果的本领。
> 注1：经证实的能力有时是指资格。
> 注2：这是ISO/IEC导则　第1部分ISO补充规定的附件SL中给出的ISO管理体系标准中的通用术语及核心定义之一，最初的定义已经通过增加注1被改写。

这个能力是指“人的本领”。它同样必须符合2个条件：应用知识和技能、实现预期结果。注2告诉我们这个术语的重要性。

标准中最常用来表示能力的单词是“ability”，是上面两个词的根本含义。“实体的能力”和“人的能力”是两种特定的能力。因此，在上述两个词的定义中将“ability”翻译成“本领”，但在标准其他地方都将其翻译成“能力”。

标准的《前言》中提到了这两个“能力”的差别，但标准条文中没有区分，需要读者自行辨别。我们将使用“客体能力”代表“3.6.12　能力　capability”，用“人员能力”代表“3.10.4　能力　competence”，以示区别。

本节讨论的是“人员能力”，从其定义可知，上一节最后一段对“7.1.5　组织的知识”的阐述是本节展开的基础。

二、知识和技能

《牛津高阶英汉双解词典》中对“skill”的解释为：技能、技艺、技巧（ability to do sth well）。技能就是做好某些事情的能力，而“做好某些事情”和“实现预期结果”的意思完全相同。“某些事情”所指的范围很广，几乎包括所有的事情。

“知识”的关键在于运用脑力；“技能”则强调动手。二者结合在一起构成了能力。

马克思主义政治经济学理论将劳动分为脑力劳动和体力劳动两大类。脑力劳动主要侧重于“用脑”——思考，不太注重“用手”。完成各种脑力劳动，例如制订项目实施计划等，同样需要具备相应的能力。

如果一个人能够使用设计软件绘制一根圆柱，那就是一种技能。如果他想让这根圆柱变成桌子的一条腿，则需要材料知识，包括将桌子对桌子腿的要求转变成强度和刚度的要求，并选择合适的材料，例如木材、钢材或塑料等，最后确定圆柱的长度。如果圆柱像水管一样是空心的，还要确定圆柱的壁厚。此处，人员能力 = 材料知识 + 绘图技能。

如果一个人能够用工具把螺帽戴到螺栓上，是一种技能。这种技能让他可以胜任电子厂装配生产线的工作。但是，如果他要到设备生产企业做装配工人，他需要一些机械装配知识。此处，人员能力 = 装配知识 + 拧螺丝技能。

三、标准的要求

7.2 能力（competence）

组织应：

a）确定在其控制下工作的人员所需具备的能力，这些人员从事的工作影响质量管理体系绩效和有效性；

b）基于适当的教育、培训或经验，确保这些人员是胜任的；

c）适用时，采取措施以获得所需的能力，并评价措施的有效性；

d）保留适当的成文信息，作为人员能力的证据。

注：适用措施可包括对在职人员进行培训、辅导或重新分配工作，或者聘用、外包胜任的人员。

该节是1项要求，它包括“确定”“确保”“采取措施”“评价”和“保留”5种活动。

在a项中，对于在组织控制下的人员，如果他从事的某一项工作可能影响质量管理体系绩效和有效性，组织必须确定这个人所具备的从事这项工作的能力。例如，小王负责来料检验工作，公司必须确定小王具备来料检验工作的能力，包括使用工具的能力、根据检验标准作出判断的能力、保证结果可追溯性的能力、正确标识各种检查结果的能力等等。

实施这一要求时，首先要确定“可能影响质量管理体系绩效和有效性”的人，然后按照影响程度从大到小确定各级人员必须具备的能力。最后，按照b项的要求，根据这些人员的教育背景、曾接受过的培训、以往的经验，确保这类人员最终能够胜任工作。一旦发现某些人员缺乏某种必要的能力，应按照c项的要求“适用时，采取措施以获取所需的能力，并评价这些措施的有效性”。

这是关于人员能力的一个小PDCA循环。我们常常忽略了评价措施的有效性，从而错失了许多改进的机会。例如，我们也许安排了错误的培训人员，使用错误的培训方法，等等。如果不评价措施的有效性，错误可能会一直延续下去。

最后是保留成文信息的要求。标准“7.5　成文信息”中对此也有明确的要求，我们将在成文信息相关的章节中详细介绍。

“注”则告诉我们几种适用措施。

对人的能力要求是标准第4章确定内部环境的一部分。

在确定人员的能力时，需要考虑效率因素，即标准常常提到的有效性。前面提到的电视剧《麓山之歌》女劳模的故事中有一个细节：当她工作时，有外方人员看着手表计算她做出合格品所用的时间，如果超过约定的时间，则会判定麓山重工输。

效率因素是制订科学工作计划的依据。

组织应根据能力的增值率、可获得性等因素对能力进行分级。这些分级可以作为确定员工薪酬的依据，也可以作为员工成长的路径。

理论上，组织的能力是组织全体成员的能力的总和，再乘以效率系数。因为组织的效率通常低于100%，比如一般为40%，所以，组织的实际能力往往比总和数值要低得多。其中的差距就是改进的空间。

四、核心竞争力

如今，各种类型的投资机构层出不穷。投资经理最常问的问题是：你们的核心竞争力是什么？

按照标准对能力的区分，组织的核心竞争力是“客体的能力”。表 5-3 列出了标准原文中关于“能力”的条文，组织可以将其描述的能力当作内部环境因素，纳入《内部环境因素表》。组织可以从这些能力方面的因素中挑选出几项，着力培养，逐渐形成自身的核心竞争力。

表 5-3 标准中有关“能力”的条文

章节	条文
0.1	稳定提供满足顾客要求以及适用的法律法规要求的产品或服务的能力（ability）
0.1	证实符合规定的质量管理体系要求的能力（ability）
1	需要证实其具有稳定提供满足顾客要求及适用法律法规要求的产品和服务的能力（ability）
2.1	本标准表述的质量管理的概念和原则，可帮助组织获得应对与最近数十年截然不同的环境所提出的挑战的能力（capacity）
2.2.1	组织的产品和服务质量取决于满足顾客的能力（ability），以及对有关相关方的有意和无意的影响
2.2.5.3	为人员提供和拓展必要能力（competence）的机会是最高管理者的职责
2.3.2.3	开发和提高组织及其人员的能力（capability），以获得期望的结果
2.3.3.1	整个组织内各级胜任、经授权并积极参与的人员，是提高组织创造和提供价值能力（capability）的必要条件
2.3.4.3	提高关注关键过程的结果和改进的机会的能力（ability）
2.3.5.3	提高对内外部的风险和机遇的预测和反应能力（ability）
2.3.6.3	改进对过程绩效和实现目标的能力（ability）的评估
2.3.6.3	提高评审、挑战和改变观点和决策的能力（ability）
2.3.6.3	提高证实以往决策有效性的能力（ability）

续上表

章节	条文
2.3.7.3	通过共享资源和人员能力（competence），以及管理与质量有关的风险，增加为相关方创造价值的能力（capability）
2.4.1.1	为了适应变化的环境，均需要具备应变能力（ability）
3.3.8	质量管理（3.3.4）的一部分，致力于增强满足质量要求（3.6.5）的能力（ability）
3.6.13	追溯客体（3.6.1）的历史、应用情况或所处位置的能力（ability）
3.6.14	在需要时完成规定功能的能力（ability）
4.1	组织应确定与其宗旨和战略方向相关并影响其实现质量管理体系预期结果的能力（ability）的各种外部和内部因素
4.2	由于相关方对组织稳定提供符合顾客要求及适用法律法规要求的产品和服务的能力（ability）具有影响或潜在影响
4.3	只有当所确定的不适用的要求不影响组织确保其产品和服务合格的能力（ability）或责任
5.1.2	确定和应对风险和机遇，这些风险和机遇可能影响产品和服务合格以及增强顾客满意的能力（ability）
7.2	确定在其控制下工作的人员所需具备的能力（competence）
7.2	适用时，采取措施以获得所需的能力（competence），并评价措施的有效性
7.2	保留适当的成文信息，作为人员能力（competence）的证据
7.5.1	人员的能力（competence）
8.2.3.1	组织应确保有能力（ability）向顾客提供满足要求的产品和服务
8.3.4	实施评审活动，以评价设计和开发的结果满足要求的能力（ability）
8.4.1	组织应基于外部供方按照要求提供过程、产品和服务的能力（ability）
8.4.2	组织应确保外部提供的过程、产品和服务不会对组织稳定地向顾客交付合格产品和服务的能力（ability）产生不利影响
8.4.2	外部提供的过程、产品和服务对组织稳定地满足顾客要求和适用的法律法规要求的能力（ability）的潜在影响

续上表

章节	条文
8.4.3	能力（competence），包括所要求的人员资格
8.5.1	若输出结果不能由后续的监视或测量加以验证，应对生产和服务提供过程实现策划结果的能力（ability）进行确认，并定期再确认

第三节 意 识

这是标准中“人”和“意识”的结合点，组织的质量管理体系需要的支持因素是具备各种正确意识的人员。

中文有一个词——觉悟，《现代汉语词典》的释义是：由迷惑而明白；由模糊而认清；醒悟；也表示一定的政治认识。可见，觉悟是一个过程。输入是迷惑、模糊的思维状态，活动是修炼，输出是明白、认清的思维状态，接收方是下一次觉悟。

在建立、实施质量管理体系的过程中，我们需要不断地觉悟——从不具备各种意识到具备意识，从意识不强到意识非常强。当遇到不合格，分析原因时，也应首先看看是否缺乏某种意识。

以下是《基础和术语》中有关意识的说明。

> 2.2.5.4 意识
>
> 意识来源于人员认识到自身的职责，以及他们的行为如何有助于实现组织的目标。

以下是《要求》关于意识的说明。

7.3　意识

组织应确保在其控制下工作的人员知晓：

a）质量方针；

b）相关的质量目标；

c）他们对质量管理体系有效性的贡献，包括改进绩效的益处；

d）不符合质量管理体系要求的后果。

“7.3　意识”中的要求，仅仅是要求组织确保其控制下的有关人员意识到 a 到 d 中的内容。

a 项“质量方针”。组织制订了质量方针后，必须让全体成员知悉质量方针全文，此外，还要帮助员工理解质量方针的深刻意义，即其背后的组织的核心价值观。

b 项“相关的质量目标”。组织应让员工知道与他的工作相关的质量目标、质量目标的监视和测量方法以及最新的数据。

c 项“他们对质量管理体系有效性的贡献，包括改进绩效的益处”。这是一项最高管理者证实其领导作用和承诺的活动，同样应按照贡献的大小，由大到小，逐步进行，满足要求。改进绩效不是靠简单地增加资源，主要是通过减少不合格等方式实现。这种改进对改善员工的心理因素也有很大的帮助，有利于形成良性循环，逐渐提高员工觉悟。

d 项“不符合质量管理体系要求的后果”。组织按照要求，建立众多的过程，构成质量管理体系，出现不符合质量管理体系要求的情况，即出现不合格后，不合格往往像病毒一样蔓延，一个不合格会产生另外一个不合格。如此下去，组织的关键能力将被大大削弱，降低组织的效率。这是所有人都不愿意看到的结果。

上述 c、d 两个方面，一个是要求组织控制下的相关人员从正面看待他们的工作对质量管理体系的影响，另一个是从反面看待他们的工作的影响。对于大多数组织，这其中有大量的工作要做。

从正面看，少数管理者尚不能正确地理解质量管理体系要求的意义，自然不能正确地评价员工对组织质量管理体系的贡献。举个例子，某企业的一个公共设施出现故障，许多员工都视而不见。但行政部门的一名员工打电话咨询后，自己动手修复了那个设施。当被问到为什么要做超出职责范围的工作时，他指出了那种情况可能造成的重大负面影响。组织应在内部大力提倡他的行为。

负面的情况更为常见。例如，各种工作不能按时完成，大多数人认为只是晚几天而已；开发设计中存在错误，多数人觉得改一下就可以了；供应商未能按时交货，有人认为罚款就能让他们今后按时交货。因此，相关人员不会考虑从根本上解决这类不合格，致使组织内的各种不合格不断重复出现，极大地降低了组织各种关键能力，限制了组织的发展。通过学习标准，我们将重新认识我们的工作，就像前文所举例的那家企业的质量方针一样——摒弃旧念。

在标准的“质量方针”“质量目标”等章节也涉及本节的部分内容。读者要反复研究，才能更好地理解这些章节之间的关系，以及按照这些要求建立的过程之间的相互作用。

第四节 沟 通

沟通的目的是达成共识。以下是《基础和术语》中有关沟通的说明。

2.2.5.5 沟通

经过策划并有效开展的内部（如整个组织内）和外部（如与有关相关方）沟通，可提高人员的参与程度并更加深入地理解：

——组织环境；

——顾客和其他相关方的需求和期望；

——质量管理体系。

第三节提到，“意识来源于人员认识到自身的职责，以及他们的行为如何有助于实现组织的目标”，做到这一点，需要有效的沟通。

7.4 沟通

组织应确定与质量管理体系有关的内部和外部沟通，包括：

a）沟通什么；

b）何时沟通；

c）与谁沟通；

d）如何沟通；

e）谁来沟通。

有效的沟通，对组织内部成员运用各种表达形式的能力提出了很高的要求。

华为重磅打造的 Dream It Possible 海外宣传片，传达了华为的价值观。其同名主题曲作为华为手机的默认铃声，当铃声响起就可以看作是与用户的有效沟通。根据华为手机的市场占有量，就能知道沟通的效果是惊人的。

a 项沟通什么（What）。质量管理体系要求的沟通，可以分为 3 个层次：

①企业文化，包括理想、使命、企业宗旨、企业精神以及质量管理体系的七大原则。通常来讲，企业精神是企业最重要的价值观，七大原则中也包含了众多重要的价值观。例如，“与供方的关系”这一原则告诉我们，供方是组织的合作伙伴，组织应该认真了解他们的需求。此外，组织应加大这些工作的力度，挖掘与这些内容相关的故事，让理想、使命、企业宗旨的核心内涵变得丰满。

②企业重要的经营指标，比如合同金额、出货量、存货等，以及标准有关沟通的各项要求等。

③过程的输入、输出的沟通，监视和测量结果的沟通，各种重要的准则的沟通等。

当组织的质量管理体系建成并达到比较高的有效性时，用标准宣称的质量管理体系的各种收益作为沟通的主要内容，必定能够取得显著的成效。

b 项何时沟通（When）。应该充分利用一切机会进行沟通，包括董事会会议及各种工作会议，及公司的各种重要活动；顾客到组织来交流、业务人员到顾客处洽谈业务等，都是良好的沟通时机，应做好充分的准备；公司中一些比较活跃的员工，可以利用员工闲暇时间，如打球、聚会等时机进行沟通；遇到问题（不合格）也是不错的沟通时机，应多问“五个为什么（5Why 分析法）”，在一问一答之间确定不合格的真正原因。

c 项与谁沟通（Who）。包括公司全体员工以及顾客和外部供方等所有的相关方。

d 项如何沟通（How）。沟通的方式在很大程度上决定了沟通的效率。有一种理论说，一个人只能记住听到的信息的 10%、看到的信息的 20%、说过的东西的 40%、做过的事情的 80%。

以丰田公司为代表的日式企业推崇现场 5S 可视化管理的根本原因也是为了提高沟通的效率。相反，打电话、面对面交谈等沟通方式是风险非常高的沟通方式。在使用这一类方式沟通之后，不要担心对方嫌麻烦或者不高兴，一定要在适当的时候提醒对方。事后务必保留成文信息。了解这一点，下一次再遇到有人忘记他前两天说过的话，就不会感到意外甚至愤怒了。前面讨论过，企业中 70% 的问题是由沟通不畅引起，而这和沟通的方式有关。

质量管理体系为我们提供了丰富的沟通路径：用过程的输入和输出、用支持性文件、用证实过程按策划实施的证据等进行沟通等。此外，还有一些不易察觉的沟通：顾客能够从一家企业的卫生间、从员工的情绪获得很多信息。也就是说，顾客能够通过观察确定组织的心理因素的特性值。第三章的最后提到的监视岗位说明书，也是一种实用的沟通工具。

e 项谁来沟通（Who）。最高管理者应重视并积极推动组织内部的沟通。各级管理者亦应如此。有些公司设有项目管理人员，他们像自动生产线旁的工人盯着生产线那样，盯着整个公司的运行。这一类人员应当把沟通作为主要的职责。他们要特别留意公司运行过程中取得的成绩，例如一条生产线达到了非常出色的优良率，也就是说，远远超过顾客甚至是组织自己的预期。但很多时候，公司的高级管理人员只能从顾客那里听到这一类好消息。这说明公司在识别和判断好消息方面缺乏分类和准则，这可能成为影响沟通的障碍，同时影响对员工贡献的认可。

质量管理体系在各种过程中，规定了“谁负责沟通”，即输出方。具体负责沟通的员工既需要符合“7.2　人员”的要求，也需参照“5.3　角色、职责和权限”的要求确定。

最后看一个沟通的风险问题。

我们可以查看自己请示上司的聊天记录（如微信、钉钉），任意选 30 次非连续的应答（越多越好），并记录每一次你发出信息后上司回复的时间。然后，计算这些回复时间的平均值，以平均值为中线，绘制回复时间的分布曲线。这基本上是一个正态分布曲线（图 5-7）。然后，可以计算 1 个 σ 值（西格玛值）。如

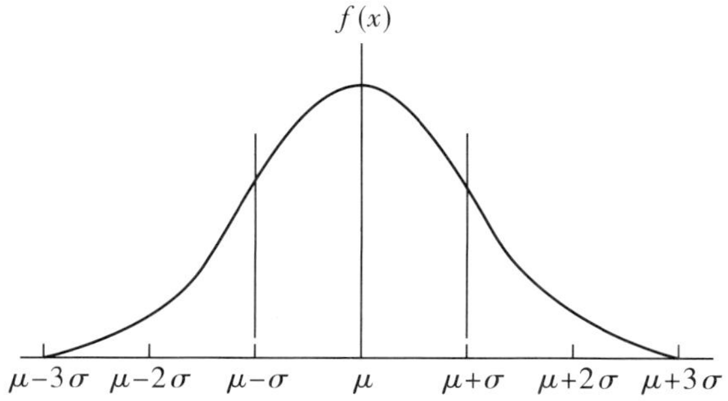

图 5-7　正态分布曲线

果对上司回复你的预期是中线上下各一个 σ 值范围内，那么 $\mu+\sigma$ 右侧是正向偏离，$\mu-\sigma$ 左侧是负面偏离。在这个分布曲线的基础上，如果可以确定上司不及时回复的性质，便可以计算出本书图 3–2 中每一个环节的风险。

采购员与供应商之间也存在这种沟通的风险。尤其是一些规模比较小的供应商，报价、送货等活动都是老板自己完成。采购员常常须等待数小时才能收到供应商的回复。如果涉及一些重要的采购项目，采购员应制定应对措施，避免不合格。

其他沟通环节的风险也可以照此方法计算。

此外，那些失败企业的经验同样值得我们思考并引以为戒。

表 5–4 列举了一些作业员的“知识”“能力”“意识”“沟通”及其相互关系。

表 5–4　作业员“知识”“能力”“意识”“沟通”的示例

知识	能力	意识	沟通	示例
工具的用途	使用工具	安全操作	作业情况，使用体会	切割机、台钻、攻牙机
电气器件及其性能、参数	参数设置	不良是浪费	作业情况，使用体会	电机、传感器
装配知识	机构装配（指导 / 独立，简单 / 复杂）	按规范作业 / 作业的重要性	作业情况，体会	丝杆、导轨、轴承
调试知识	机构（局部）调试	满足要求	调试计划 / 报告进度 / 风险	单机（简单 / 复杂），整线（简单 / 复杂）
所有机构的功能	整机 / 线调试	满足要求	调试计划 / 风险	注液 / 激光开槽
所有机构的功能	试运行	满足要求	调试计划 / 物料	空跑 / 带料跑
常见故障	排查	时间就是金钱 / 急顾客之所急	计划，风险及应对措施	贴胶 / 气泡
视觉系统原理（基础 / 中级 / 高级）	建模板、抓边	环境，风险	经验	定位、测量、检查
机械手知识	操作	安全操作	经验	四轴 / 六轴

第五节 成文信息

一、成文信息

7.5.1 总则

组织的质量管理体系应包括：

a）本标准要求的成文信息；

b）组织所确定的、为确保质量管理体系有效性所需的成文信息。

注：对于不同组织，质量管理体系成文信息的多少与详略程度可以不同，取决于：

——组织的规模，以及活动、过程、产品和服务的类型；

——过程及其相互作用的复杂程度；

——人员的能力。

7.5 是专门讨论有关成文信息要求的标准条文，分 3 个小节。

7.5.1 规定了质量管理体系必须具备的两类成文信息：本标准要求的成文信息，组织确定的为确保质量管理体系有效运行所需的成文信息。这两类成文信息是组织质量管理体系不可缺少的组成部分。

“注”中提供了有关这方面的一些参考意见，是编写文件过程的“控检点”。此外，最后一条“人员的能力”是指“人的能力（competence）”。

7.5.2 创建和更新

在创建和更新成文信息时，组织应确保适当的：

a）标识和说明（如标题、日期、作者、索引编号）；

b）形式（如语言、软件版本、图表）和载体（如纸质的、电子的）；

c）评审和批准，以保持适宜性和充分性。

7.5.2 规定了新文件的编制和现有文件的更新要求。“组织应确保适当的……”让这项要求具有很大的弹性。负责评审和批准文件的人，要对文件的适宜性和充分性负责。在考虑角色、职责和权限时，不可忽视这一点。

> 7.5.3 成文信息的控制
>
> 7.5.3.1 应控制质量管理体系和本标准所要求的成文信息，以确保：
>
> a）在需要的场合和时机，均可获得并适用；
>
> b）予以妥善保护（如防止泄密、不当使用或缺失）。

这是“活动 + 目的”的模式，其要求企业对成文信息进行控制，并说明了控制的目的：获得适用的成文信息；充分保护成文信息。因此，组织首先必须确定“需要的场合和时机”，然后在适当的时机和相关的场合放置成文信息（过程的输出）；监视成文信息的使用情况，当确定不再需要成文信息之后撤掉成文信息。

实际上，这里的两个目的之间相互排斥——容易获取将增加保护的难度，妥善保护将增加获取的难度。因此，企业需要慎重地权衡利弊。

> 7.5.3.2 为控制成文信息，适用时，组织应进行下列活动：
>
> a）分发、访问、检索和使用；
>
> b）存储和防护，包括保持可读性；
>
> c）更改控制（如版本控制）；
>
> d）保留和处置。
>
> 对于组织确定的策划和运行质量管理体系所必需的来自外部的成文信息，组织应进行适当识别，并予以控制。
>
> 对所保留的、作为符合性证据的成文信息应予以保护，防止非预期的更改。
>
> 注：对成文信息的“访问”可能意味着仅允许查阅，或者意味着允许查阅并授权修改。

第一段是内部成文信息的控制内容，共有 10 种活动，几乎每一种活动都需要支持性文件。

第二段要求组织对来自外部的成文信息进行识别和控制。对于来自外部的成文信息，此处仅考虑策划和运行质量管理体系所必需的，而非所有的成文信息。

第三段规定了与证据类成文信息有关的要求。

二、过程文件的编写方法

我们始终相信过程方法和过程模型的科学性，因此，必须按照过程模型编写过程文件。具体方法如下：

①认真学习标准要求。

②按照标准的要求，确定过程。

③确定过程与其他过程的关系。此时应充分利用PDCA循环模型。例如，实施阶段的过程，其输入源很可能在策划阶段，输出接收方则在检查阶段。

④确定活动及5W2H。注意：

- 一定用动词表示“活动”
- 同时尽量用简单句
- 完成一个活动后，再完成下一个活动

例如，将“让步审批通过后由品质部确认放行”，改成：将《让步申请单》交××—审批通过—由品质部确认—通知行政—行政放行。

⑤将活动填入“活动框”。

⑥确定输入：物质、能量、信息，注意有些标准条文或者其“注”中提供了输入。

⑦确定输入源：每个输入都有一个输入源，一个输入源可以提供多个输入。

⑧确定输出：产品、能量、信息，其余同“输入”。

⑨确定接收方：每个输出都有至少一个输出接收方，一个输出可以有多个输出接收方。

⑩确定控制和检查点：

- 目的类
- 考虑类
- 限制条件类

⑪绘制过程图。

⑫检查：

- 标准4.4.1中a到h的要求
- 5W2H
- 角色、职责、权限
- 资源

- 能力、意识、沟通

⑬ 确定文件名。过程文件通常以过程的主要活动的名称命名。

⑭ 确定文件编号。

⑮ 审核。

⑯ 发布。

表 5-5 是另外一种过程文件形式。

表 5-5 收料过程文件形式范例

项目	文件名：收料过程	可能用于监视和测量绩效的控制和检查点
输入源	供应商送货过程	—
输入	货品、送货单、放置区域、收料员	当前库存情况，超过库存上限应拒收
活动	（起点） 供应商拉货物到指定的收货区域 　　核对送货单信息 收料员扫描送货单二维码 　　扫描货物标签二维码 　　清点货物数量 　　在送货单签名 　　送货单白联交给供应商 　　将送货单红联交给仓库文员 　　将送货单蓝联、黄联与货物放置在一起 　　将清点好的货物摆放在指定位置 收料员通知品质检验 （终点）	物料编码、规格型号、组件号、送货日期 扫描不上与供应商确认送货地址等信息 （以下活动是签名后的活动） 供应商对账用 内部对账用 方法：按组件号放置
输出	送货单（白联、红联）、货品	—
接收方	来料检验过程、对账过程、供应商	—

表 5-6 罗列了标准中与成文信息有关的条文，并将其分为提供支持和提供证据 2 类。企业建立质量管理体系时，应逐条实施和检查。

表 5–6 标准中与“成文信息”有关的条文

分类	章节	条文
提供支持类	5.2.2	a）可获取并保持成文信息
	6.2.1	组织应保持有关质量目标的成文信息
	7.5.1	a）本标准要求的成文信息 b）组织所确定的、为确保质量管理体系有效性所需的成文信息
	7.5.2	在创建和更新成文信息时，组织应确保适当的……
	7.5.3.1	应控制质量管理体系和本标准所要求的成文信息
	7.5.3.2	为控制成文信息，适用时，组织应进行下列活动……
	8.2.4	若产品和服务要求发生更改，组织应确保相关的成文信息得到修改，并确保相关人员知道已更改的要求
	8.5.1	a）可获得的成文信息
	8.5.2	当有可追溯性要求时，组织应控制输出的唯一性标识，并应保留所需的成文信息以实现可追溯性
提供证据类	7.1.5.1	组织应保持适当的成文信息，作为监视和测量资源适合其用途的证据
	7.1.5.2	当不存在上述标准时，应保留作为校准或验证依据的成文信息
	7.2	保留适当的成文信息，作为人员能力的证据
	8.1	确定并保持、保留成文信息
	8.2.3.2	适用时，组织应保留与下列方面有关的成文信息
	8.3.2	j）证实已经满足设计和开发要求所需的成文信息
	8.3.3	组织应保留有关设计和开发输入的成文信息
	8.3.4	f）保留这些活动的成文信息
	8.7.2	组织应保持下列成文信息
	9.1.1	组织应保留适当的成文信息，以作为结果的证据
	9.3.3	组织应保留成文信息，作为管理评审结果的证据
	10.2.2	组织应保持成文信息，作为下列事项的证据

最后，建议为重要的、使用频率较高的术语、活动、准则和风险等，制订一些符号，以提醒组织成员在工作中注意。

第六章 运 行

标准第 8 章共有 7 节，有些节还分成几个小节，是标准最复杂的一章。这 7 节形成一个完整的 PDCA 循环。

第一节 运行的策划和控制

8.1 运行的策划和控制

为满足产品和服务提供的要求，并实施第 6 章所确定的措施，组织应通过以下措施对所需的过程（见 4.4）进行策划、实施和控制：

a）确定产品和服务的要求；

b）建立下列内容的准则：

1）过程；

2）产品和服务的接收。

c）确定所需的资源以使产品和服务符合要求；

d）按照准则实施过程控制；

e）在必要的范围和程度上，确定并保持、保留成文信息，以：

1）确信过程已经按策划进行；

2）证实产品和服务符合要求。

策划的输出应适合于组织的运行。

组织应控制策划的变更，评审非预期变更的后果，必要时，采取措施减轻不利影响。

组织应确保外包过程受控（见 8.4）。

这一节类似于其他章节中标题是“总则”的小节，对组织运行相关的过程提出了总体要求。

本节共有 4 项要求，包含 18 项活动。

第一段“为满足产品和服务提供的要求，并实施第 6 章所确定的措施，组织应通过以下措施对所需的过程（见 4.4）进行策划、实施和控制”是这一章的总体要求。

这是针对质量管理体系中一类特殊的过程——“满足产品和服务提供要求所需的过程”提出的要求。假设企业需要 N 个此类过程，那么，企业需要策划、实施、控制这 N 个过程，并实施按标准第 6 章确定的措施。这实质是一系列应对风险和机遇的措施和质量目标实施计划。

这一章共有 7 节，除了第 1 节之外，每一节都可以是一个过程。因此，企业可以建立 6 个“满足产品和服务提供要求所需的过程”。此外，8.2 到 8.5 总共有 19 个小节，加上 8.6、8.7，企业可以建立 21 个过程。必要时，这 21 个过程中的某些过程还可以分成几个过程。策划的意思是让企业根据自身的情况，设立适当的过程。

a 项“确定产品和服务的要求”。这是每一家企业不可缺少的一个过程，其输出是“产品和服务的要求”（详见标准“8.2　产品和服务的要求”）。

按照 4.4 的要求，需要控制的过程都需要准则，这里按照 b 项的要求，增加了过程的输出——产品和服务接收的准则。产品和服务交付时，顾客通常要进行验收。而有些验收过程非常复杂。为了保证通过验收，企业的接收准则往往略高于顾客的接收准则。

与资源有关的要求很多，c 项“确定所需的资源以使产品和服务符合要求”中的资源是为了产品和服务符合要求所需的资源。

相对其他过程，“满足产品和服务提供要求所需的过程”的各种准则往往更多，控制实施过程的困难也更多。例如，企业生产出的产品，一般需要进行成品检验（OQC），检验后按照准则判定为合格和不合格 2 类。然后是按照 d 项的要求，合格品输出至包装等防护过程，不合格品要么返修，要么报废。3 种输出，3 个输出接收方。

e 项是关于成文信息的要求。标准第 8 章中所有节都有明确的成文信息要求，这里是重申了“7.5　成文信息”的主要内容。

b 到 e 项几乎重复了 4.4 的全部要求，是企业设立上述过程的“控检点”。因此，所有与运行相关的过程，都要对照这 4 项要求进行检查。

第二段“策划的输出应适合于组织的运行”也是一个“控检点”。从过程的数量上看，组织为了适应自身的运行，可以建立少则 6 个、多则 21 个过程；从划分项目的方法看，本章第三节将项目分为 8 个等级，同样是一种“适合组织的运行”的安排。此外，更复杂的组织可以划分更多的等级，比较简单的组织可以少一些等级。

我们知道，事物往往都有其消极的一面。因此第三段强调“组织应控制策划的变更，评审非预期变更的后果，必要时，采取措施减轻不利影响”。假设组织制定了一个变更计划（“6.3　变更的策划”的输出），那么组织要控制相关的变更。如果变更的后果与最初的预期不同，组织必须评审非预期后果对各方面的影响。当这种影响超出一定的范围，组织必须采取措施，减轻不良影响。组织内部一个部门的调整、一个关键岗位的人员变动等，都应按这项要求实施。

这项要求适用于组织所有的变更，包括“6.3　变更的策划”“8.2.4　产品和服务要求的更改”“8.3.6　设计和开发的更改”“8.5.6　变更的控制”。

第四段，“组织应确保外包过程受控（见 8.4）”是与外部供方相关的要求（见“4.2　理解相关方的需求和期望”）。在相关的过程中，应坚持“关系管理”原则（参考本书第二章第二节“关系管理可开展的活动”部分）。

第二节　产品和服务的要求

质量管理体系七大原则的第一条是“以顾客为关注焦点”。本节是落实这项原则的具体要求之一。

“8.2　产品和服务的要求”分为 4 个小节，包括“8.2.1　顾客沟通”“8.2.2　产品和服务要求的确定”“8.2.3　产品和服务要求的评审”“8.2.4　产品和服务要求的更改”。

一、顾客沟通

8.2.1　顾客沟通

与顾客沟通的内容应包括：

a）提供有关产品和服务的信息；

b）处理问询、合同或订单，包括更改；

c）获取有关产品和服务的顾客反馈，包括顾客投诉；

d）处置或控制顾客财产；

e）关系重大时，制定应急措施的特定要求。

8.2.1 有一项要求，包括“提供”“问询”“更改”“获取”“控制”“确定”和两次“处理”共 9 项活动。这是“7.4 沟通”中所指的“沟通的内容”。a 到 e 是沟通内容的控检点，以确保相关人员在与顾客沟通时，始终聚焦关键的事项。

要事第一！与顾客沟通的第一项要求是“提供有关产品和服务的信息”。这一要求看似简单，实际执行方法却千差万别，各组织之间的差异非常大。大多数组织（企业）都有巨大的改进空间。读者可以多学习华为、美的等成功企业的方法。在确定内部环境因素时，我们首先确定一个内部环境因素“FABE 产品介绍术”，然后要求业务人员具备正确使用这种方法的能力，最后通过监视和测量业务人员与顾客沟通的效果，分析和评价业务人员正确使用这种方法的情况。

对于大部分企业来说，它们虽然没有华为那样世界领先的技术，但总有几个可以信赖的员工，几家信任自己的客户，几个支持自己的供应商。了解他们的想法，可以帮助我们发现真实反映产品和服务价值的信息。

不同行业的企业，这些沟通内容存在很大的差异。同一行业内的企业，其沟通内容的详略，则反映出一个企业在其从事的领域的专业程度。

举个例子，万科曾经收购怡宝，后来转让给了华润。万科创始人王石说，万科收购时的协议只有一页半纸，而转让给华润的协议有 30 页纸。显然华润更加专业，他认为这反映了万科与华润在管理上的差距。

充分的沟通和详细的协议可以让双方更加清楚自己的权利和义务，同时更加清晰地认识到后续的风险。

a 项要求企业主动向顾客提供与产品和服务有关的信息，向顾客展示企业能够为顾客提供的价值。企业应提前做好准备，确保业务人员能够准确地告诉顾客自家产品和服务的特性（Feature）、优势（Advantage）、收益（Benefit）和证据（Evidence）。有时候，产品和服务仅仅是供需双方的构想，提供证据证明企业的产品和服务的特性、优势、好处是一项具有挑战性的工作，需要想象力和创造性。国际标准化组织为了说服各种类型的组织积极推行质量管理体系，同样强调了质量管理体系的特性 F（三大法宝）、优势 A（改进整体绩效，打好基础），列举了建立和实施质量管理体系的数条收益 B 和证据 E（成功企业）。

b 项要求组织处理好四个方面的具体工作，包括问询、合同或订单的处理和更改。这些具体的工作是考验每个企业管理体系的基础。这个过程和企业的采购人员与外部供方的沟通过程完全相同。此处顾客的风险，与采购人员在那个过程中面临的各种风险完全一致。企业应随时准备应对这类工作。一个充分准备的企业，必须能够从容应对客户明天招标所需的一切资料。

c 项要求组织及时获取顾客关于产品和服务的反馈，包括顾客的抱怨，为更好地处理相关事项争取时间。

d 项要求组织与顾客商定“顾客财产的处理和控制”，见标准“8.5.3　顾客或外部供方财产”。

e 项要求组织在必要时，确定应急措施的特定要求。组织应基于风险的思维，在策划阶段考虑各种风险，并制订相应的风险应对措施。如本书第一章最后提到的风险应对措施之一，是保证高风险的产品和服务，能够在 30 分钟内获得重要的备件。这一条至关重要，对组织提高持续提供满足顾客和法律法规要求的产品和服务的能力有重大意义。

举例来说，有些不常见的不合格，对顾客的影响很大，处理这类不合格的环节比较多。组织应策划这类事件的应对方法。一种方法是将这类不合格划分为不同的等级，依据等级授予各个环节处理具体事宜的员工相应的临时权限。例如，对一些高等级的事件，班组长拥有高级主管的权限，或者主管拥有经理的权限等，从而大大减少整个处理过程所需的时间，最大限度地减少对顾客的不良影响。事情处理完毕之后，应进行有效性评价，以发现改进的机会。让现场的员工有更多的权限，就是华为的“让听到炮声的人呼唤炮火”的理念。

一个组织内部的各项工作同样存在各种风险，组织可以参考这一要求，确定内部的各种应急措施。

与顾客沟通的准则是：充分准备，并利用《沟通内容检查表》，争取沟通一次性完成。

顾客可能同时与三家供应商接触，而每家供应商都在与其他另外两家赛跑。谁的沟通效率更高，谁就能赢得比赛的主动权，从而为后续的过程赢得时间。

二、确定产品和服务的要求

苹果公司前首席执行官史蒂夫·乔布斯是最了解顾客对产品和服务要求的人。从他的身上可以看到，组织能够取得的成就取决于其对顾客需求的理解。那些优秀的企业往往对自身的需求有着清晰的认识，因此可以大大降低其合作方的风险。

> 8.2.2 产品和服务要求的确定
>
> 在确定向顾客提供的产品和服务的要求时，组织应确保：
>
> a）产品和服务的要求得到规定，包括：
>
> 1）适用的法律法规要求；
>
> 2）组织认为的必要要求。
>
> b）提供的产品和服务能够满足所声明的要求。

这是一个条件语句，其要求组织在确定提供给顾客的产品和服务的要求时（条件），确保做好 2 个方面的工作：把全部要求完全规定下来，满足声明的要求。其中第一个方面又分为适用的法律法规要求和组织认为的必要要求。有些组织的产品和服务的要求众多，确定这些要求是一项复杂的工作，必须严肃认真地对待。标准的要求为这一类组织提供了参考，也让我们再次看到了标准的科学性。

标准一再强调满足适用的法律法规的要求，体现了编写者的法律意识。随着越来越多的中国企业走出国门，认真按照标准的要求建立和实施质量管理体系，将为企业在国外发展打下良好的基础。

《检查表》是质量控制（Quality control，简称 QC）七大工具之一，简单却非常实用。某家公司刚开始在内部过程推行《检查表》时，很多员工不以为然。直到一个工程经理提起，公司的一家重要客户在产品和服务验收时，使用的正是《检查表》，员工的态度才有了变化。这正是与优秀企业合作的收益之一。

在双方确定要求后，将要求全部填入《检查表》，作为整个产品和服务提供过程的依据；然后在设计和开发、开发软件和控制系统、出厂检验等环节对照检查；最终，将《检查表》作为顾客验收产品和服务的依据。这是一个非常重要的过程。

出现不合格的原因大多是双方对要求存在的差异。例如，双方商定设备的生产效率是 900UPH（件 / 小时）。客户的理解是，设备运行一整天生产的产品数量，除以设备工作的小时数，要大于 900 件；而厂家可能认为，使用秒表在机器旁测量几分钟，将测量时间内生产的产品数量换算成每小时的数量，就是 UPH 值了。

类似的差异也存在于对良率、适用范围等一些重要要求的理解上。

例如，某企业的设计和开发部门实施了一个监视和测量项目——“工程更正通知书（ECN）”。根据对以往结果的分析，有相当一部分设计更正是前期确定产品和服务要求时，错误理解要求或遗漏要求造成的。这些设计更正大大降低了顾客满意度和公司运行的效率。

因此，一份精心准备的《检查表》可以极大地降低这一类不合格发生的几率。同时，认真负责的态度能够赢得顾客的认同。

三、要求的评审

8.2.3 产品和服务要求的评审

8.2.3.1 组织应确保有能力向顾客提供满足要求的产品和服务。在承诺向顾客提供产品和服务之前，组织应对如下各项要求进行评审：

a）顾客规定的要求，包括对交付及交付后活动的要求；

b）顾客虽然没有明示，但规定的用途或已知的预期用途所必需的要求；

c）组织规定的要求；

d）适用于产品和服务的法律法规要求；

e）与以前表述不一致的合同或订单要求。

组织应确保与以前规定不一致的合同或订单要求已得到解决。

若顾客没有提供成文的要求，组织在接受顾客要求前应对顾客要求进行确认。

注：在某些情况下，如网上销售，对每一个订单进行正式的评审可能是不实际的，作为替代方法，可评审有关的产品信息，如产品目录。

8.2.3.2 适用时，组织应保留与下列方面有关的成文信息：

a）评审结果；

b）产品和服务的新要求。

评审无处不在。8.2.3 要求对 8.2.2 的输出进行评审，它分为两个部分：第一部分是与评审相关的具体要求，第二部分是与成文信息相关的要求。

对顾客来说，标准要求所指的组织，都是外部供方。标准的要求，同样是提醒这些组织要确保具备相应的能力。

第一部分分为三段，包含四项要求。第一项要求是确保具备相应的能力，包括与标准 8.3 至 8.7 中的各项要求相关的全部能力；第二项要求是满足前一项要求的具体方法——实施评审。评审的内容包括 5 个方面。其中，a、c、d 是 8.2.2 确定的 3 类要求。以下将逐一介绍评审内容的 5 个方面。

第一，顾客的全部要求。如果按上一节的要求，将顾客的全部要求录入《检查表》，包括与交付后活动有关的要求，如售后服务的响应时间、陪产等，那么应逐条评审《检查表》中的要求。产品在国内交付尚且好一些，但如果产品交付到国外，对企业的能力特别是人员的能力要求会非常高，因此企业需要评审人员的能力是否满足要求。

第二，“隐含要求”（见 3.6.4　要求的注 1）。在确定顾客需求时，可能出现一种情况，即顾客认为某些需求是“隐含要求”，在提出要求时省略了这些隐含要求；而公司的业务人员认为，顾客没有提出的要求，意味着这是顾客不需要的要求，因此产品设计等后续过程的输入不含此类要求。其结果是当双方最终意识到理解存在差异时，为时已晚，纠正不合格的代价可能很大。在评审要求时，应罗列所有的隐含要求，与顾客逐条确认是否需要。

第三，组织规定的要求。举例来说，某设备公司按照客户要求，在设备上增加一层绝缘层。后来，他们在为其他客户生产的设备上都加上绝缘层。“设备必须有绝缘层”就成为该设备公司自行规定的要求。起初，还有一些客户表示他们的设备不需要绝缘层，后来也逐渐接受了。在评审要求时，应考虑客户是否真的需要公司确定的某一些要求。

第四，法律法规的要求也将越来越高，特别是劳动者权益、环保和安全相关的法律法规。这些属于外部环境因素，企业需要监视、测量，并提前考虑如何满足相应的要求。例如，按照发达国家的环保要求规划，企业考虑可能影响自然环境的各种因素。顾客往往更愿意与那些有长远规划的企业合作。

第五，有些要求可能有不同的表述方法。如果以前和现在的表述方法不同，企业必须确定两种表述方法的意思是否完全一致。这是评审的一个输出，需要回到与顾客沟通的过程，确定之后才能通过评审。

第一部分第三项和第四项要求的处理方法与上述方法相同。

第三项要求是确保解决了不一致的规定。随着科技的不断进步，顾客的要求也会发生相应的变化，包括提出新的要求，如速度更快、质量更好等。这些都需要通过评审，以确定能否满足顾客要求。

第四项要求是，企业必须经过确认，才能接受顾客未以成文信息（如技术规格书、邮件等）提出的要求。不能仅仅凭比较熟悉的顾客方员工的口头说明，就接受顾客的要求。

总而言之，评审的重点仍然是对要求的理解和能够满足的程度。

表 6-1 列出了某类型汽车的部分要求，根据表中的数据，表中列出的指标项目均能通过评审。

表 6-1　某类型汽车的部分要求

序号	指标类型	指标名称	指标值	设计结果（达成度指标准载荷时）			
				空载	标准载荷	满载	达成度
1	加速性能	0—50 km/h（s）	≤ 5.5	4.61	5.28	5.61	104%
2		50—80 km/h（s）	≤ 6.5	4.03	4.62	4.91	140%
3		0—100 km/h（s）	≤ 17	12.82	14.68	15.61	115%
4		V_1—V_2 km/h（s）	≤ 7	5.7	6.527	6.941	107%
5	车速	最高车速（km/h）	≥ 120	120	120	120	100%
6	爬坡性能力	最大爬坡度（5 km/h）	≥ 30%	35.00%	30.00%	28.00%	100%
7		最大爬坡度（50 km/h）	≥ 20%	33.00%	28.00%	26.00%	140%

从这个案例可以看到，企业可以根据是否有可用的数据将要求的评审分为 2 类：根据以往的数据直接得出评审结论；评审之前需要通过计算、试验等方式获得数据，然后根据数据得出评审结论。后一种情况需要在确定要求之后，在评审要求之前进行计算和试验。

第二部分是一个条件语句。符合条件时，保留 2 类成文信息：评审结果、产品和服务的任何新要求。

这一节的内容看起来有些多余，实际上其中的每一项，每一家企业或多或少都有过一些相关的不合格经历。读者可以参考图 6-1 列出的评审过程加强理解。

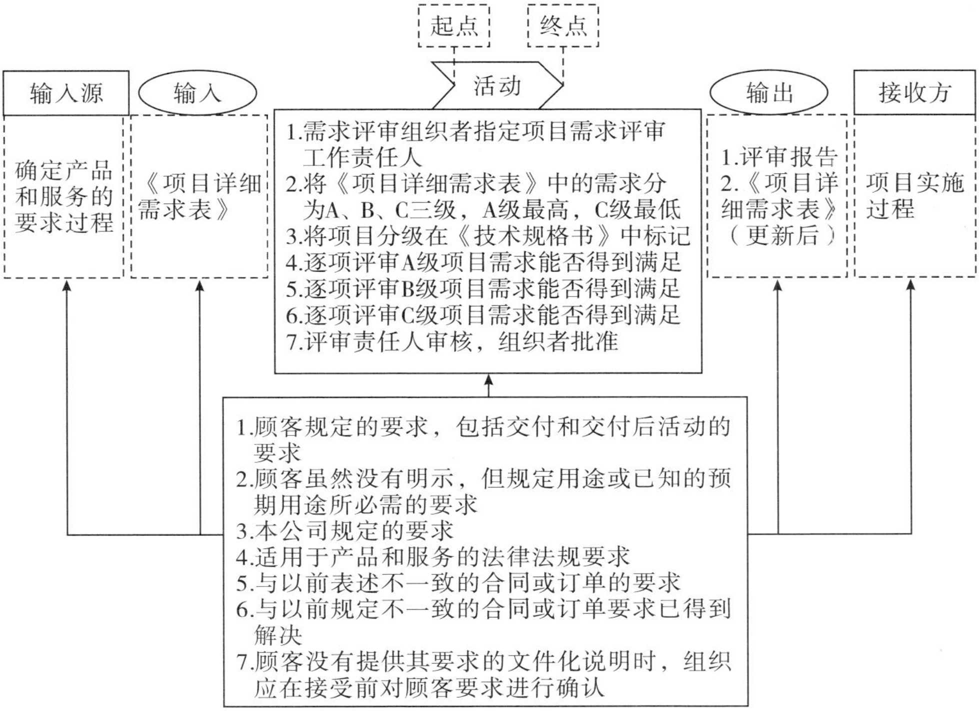

图 6-1　与产品和服务有关的要求的评审过程

管理体系标准罗列出所有过程应该考虑的因素，以帮助企业进行充分考虑。在实际工作中，如果没有标准或者成文信息，不熟悉业务的员工，可能会漏掉一些需要考虑的因素，产生不合格。即使是熟悉业务的员工，由于人的记忆特征和外部因素的影响，同样可能漏掉一些需要考虑的因素，产生不合格。这些不合格即使能够纠正，也会对企业的效率造成重大的负面影响。

四、变更

8.2.4　产品和服务要求的更改

若产品和服务要求发生更改，组织应确保相关的成文信息得到修改，并确保相关人员知道已更改的要求。

8.2.4 是一个条件语句。在特定条件下，企业才需要考虑这一项要求及其包含的2项活动：修改成文信息，通知相关人员。这项要求的输出是成文信息，接收方是相关人员。

相当一部分企业的沟通体系是按照组织结构建立的，而标准“确保相关人员知道已变更的要求”的要求，属于跨部门沟通，往往风险很高，容易出现差错。标准要求再次提醒我们，在策划过程时，应充分考虑人员、职责和权限，以减少差错，改进沟通。

本节的第一、二小节是实施，第三、四小节分别是检查和改进，策划则是在上一节完成的。这整个过程构成了一个PDCA循环。

第三节　产品和服务的设计和开发

没有产品和服务的设计和开发的企业，可以在质量管理体系范围中申明，标准这一节的内容，不适用于其质量管理体系。因此，它的质量管理体系不包含这一部分的要求，不满足这些要求也不会对它的质量管理体系产生负面影响。

8.3分为6个小节，依次是：总则、设计和开发的策划、设计和开发的输入、设计和开发的控制、设计和开发的输出、设计和开发的更改。这6个小节本身形成一个PDCA循环。

一、总则

以下是术语‘设计和开发”的说明。

> 3.4.8　设计和开发　design and development
>
> 将对客体（3.6.1）的要求（3.6.4）转换为对其更详细的要求的一组过程（3.4.1）
>
> 注1：形成的设计和开发输入的要求，通常是研究的结果。与形成的设计和开发输出（3.7.5）的要求相比较，可以用更宽泛和更通用的含意予以表达。通常，这些要求以特性（3.10.1）来规定。在一个项目（3.4.2）中，可以有多个设计和开发阶段。

注 2：在英语中，单词“design”和“development”与术语“design and development”有时是同义的，有时用于规定整个设计和开发的不同阶段。在法语中，单词“conception”和“développement”与术语“conception et développement”有时是同义的，有时用于规定整个设计和开发的不同阶段。

注 3：可以使用修饰词表述设计和开发的性质[如：产品（3.7.6）设计和开发、服务（3.7.7）设计和开发或过程设计和开发]。

设计和开发的核心是将要求转化成更加详细的要求。例如，在汽车销售4S店里，每一辆汽车样品旁边，都有一份表单，介绍该型号汽车的数十项特点和性能，这些都是重要的顾客需求。为此，工程师设计了数千个零部件，组装成汽车。每个零部件都包括众多要求，从数十项到数千项不等。正因为有如此多的要求，设计和开发工作常常非常复杂，对具有设计和开发功能的企业是一项挑战。

随着我们国家工业体系的不断完善，国家鼓励和支持企业的创新和技术进步。产品和服务的设计和开发成为越来越多的企业的重要功能。按照国家标准开展产品和服务的设计和开发，可以提高企业（特别是中小企业）的设计和开发质量和效率。同时，为我国参与国际竞争创造强大的竞争优势。

8.3.1　总则

组织应建立、实施和保持适当的设计和开发过程，以确保后续的产品和服务的提供。

8.3.1 的“总则”为“活动 + 目的”模式。这项要求包括 3 项活动：建立，实施，保持设计和开发过程。其目的是“确保后续的产品和服务的提供”。这是一个控检点，需要经常检查，如果达不到目的，就应该持续改进。

在后续的各个小节中，我们将重点关注上面的 3 项活动。先用一个例子来说明不同的策划的差异及其对其他过程的影响。

假设一家公司有 30 位设计工程师，同时接到 A、B、C 三个项目的设计任务，要求在 30 天内完成。为了简化问题，假设每位工程师的能力相同、三个设计项目的复杂程度相同，那么，有两种工作安排方法（图 6-2、图 6-3）：

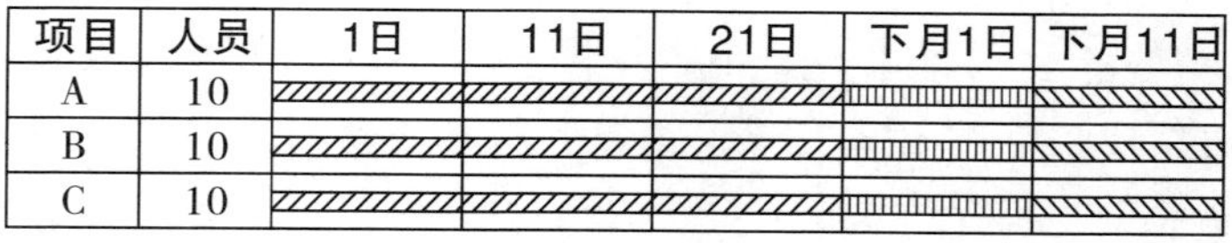

图 6-2　方案 A

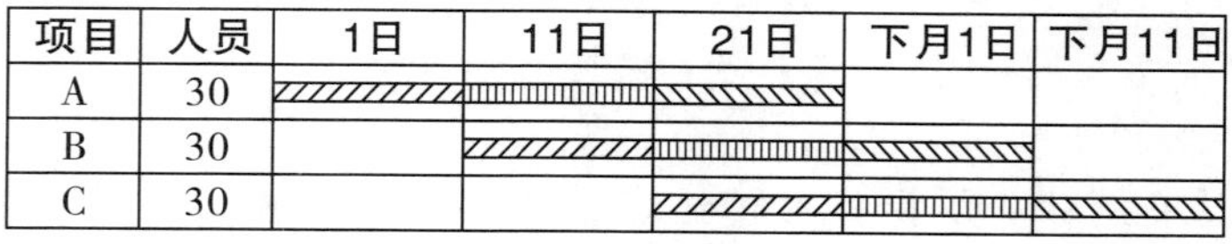

图 6-3　方案 B

①将 30 位工程师分成三组，每一组 10 位工程师，各负责一个项目。如果每个组刚好 30 天完成设计，那么每个项目的人力成本都是 300 人天，并且符合设计时间方面的要求。

②将全部 30 位工程师集中起来，逐个完成项目。即前 10 天完成项目 A，第二个 10 天完成项目 B，第三个 10 天完成项目 C，那么每个项目的人力成本同样是 300 人天，同样符合设计时间上的要求。

对于该公司的设计部门来说，两种安排没有差别。但是，考虑到公司的后续过程（例如采购过程、生产过程等），情况就不一样了。

按第一种方法，从第 31 天开始采购物料，采购部门同时开始三个项目的采购，采购部门和供应商的压力都很大；按第二种方法，从第 11 天开始采购项目 A 这一个项目的物料，采购部门和供应商的压力都要小得多。更重要的是，项目 A 可以提早 20 天为公司产生效益，项目 B 可以提前 10 天为公司产生效益。仅此一项，一个公司就可以多出 30% 的开发设计产能。

对比这 2 个方案，可以得出 3 个结论：

①如果 A 方案能够按时完成，B 方案一定能按时完成。

② B 方案能够按时完成，A 方案不一定能够按时完成。

③ B 方案的效率远远高于 A 方案。换言之，工程师并不需要付出更多的劳动，就能够有更多的产出。

工程师是企业的重要资源。《基础和术语》强调组织“应认真负责地获取、分配、维护、提高和处置支持组织实现其目标的资源”。上面的例子充分证明了管理的价值，同时证明了领导作用的重要性。因此，在策划时要参照各种科学理论和方法，力争提高人员以及其他资源的使用效率。

二、策划

> 8.3.2 设计和开发策划
>
> 在确定设计和开发的各个阶段和控制时，组织应考虑：
>
> a）设计和开发活动的性质、持续时间和复杂程度；
>
> b）所需的过程阶段，包括适用的设计和开发评审；
>
> c）所需的设计和开发验证、确认活动；
>
> d）设计和开发过程涉及的职责和权限；
>
> e）产品和服务的设计和开发所需的内部、外部资源；
>
> f）设计和开发过程参与人员之间接口的控制需求；
>
> g）顾客及使用者参与设计和开发过程的需求；
>
> h）对后续产品和服务提供的要求；
>
> i）顾客和其他有关相关方所期望的对设计和开发过程的控制水平；
>
> j）证实已经满足设计和开发要求所需的成文信息。

8.3.2 是设计和开发的策划，策划的内容是“确定设计和开发的各个阶段和控制”，提出了 10 项策划时需要考虑的因素，即“控检点”。

建立质量管理体系时，分级（即定义特性值）是常用的重要方法。

a 项考虑了设计和开发活动的 3 个因素：性质、持续时间、复杂性。从语言逻辑上说，复杂性是性质的一种。这里把它与性质并列，可能是为了强调它在设计和开发活动中的重要性。

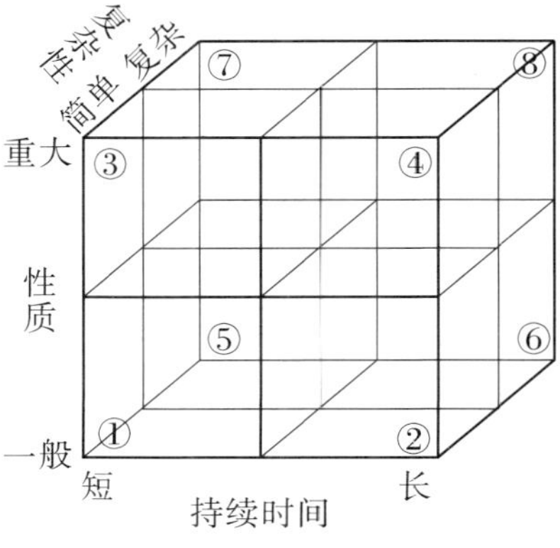

图 6-4 三因素矩阵

这3个因素构成了一个三维矩阵，比我们前面讨论风险时使用的二维矩阵多出一个维度。如果每一个维度分为2档，那么最多有8种组合，如图6-4所示。有些读者理解这个模型可能有点困难。可以将其想象成一栋两层楼的玻璃房子，一楼和二楼各有四个房间。一楼的四个房间分别是1号、2号、5号、6号，二楼的四个房间分别是3号、4号、7号和8号。其中，级别（特性值）从1到8，1级最低，时间短、性质一般、简单；8级最高，时间长、性质重大、复杂。这样，我们就定义了设计和开发项目的8个特性值。

如果企业贯标前没有考虑设计和开发活动的分级，从 8 种组合开始是一个不错的起点。一般来说，按照上面的 8 种组合来确定阶段和控制，基本上是特性值越大，阶段越多，控制越多。

需要强调的是，随着复杂性的增长，设计和开发的工作量将呈几何级数增长，对资源的需求也将大幅增长。

后面 9 项，即 b 到 j 的工作，都需要根据 a 项的分级确定，如表 6-2 所示。其中 b 项分为“阶段”和“评审”两项，另外增加了其他实际内容。

表 6-2　某设计开发活动与项目分级

<table>
<tr><td colspan="2">分级</td><td>1</td><td>2</td><td>3</td><td>4</td><td>5</td><td>6</td><td>7</td><td>8</td></tr>
<tr><td rowspan="3">b 项（评审）</td><td>适用的设计和开发评审（最多）</td><td colspan="3">一次</td><td colspan="3">二次</td><td colspan="2">三次</td></tr>
<tr><td>风险</td><td colspan="3">低</td><td colspan="3">中 / 高风险</td><td colspan="2">高风险 / 多项</td></tr>
<tr><td>知识、能力、意识相关的要求</td><td colspan="3">一般</td><td colspan="3">高</td><td colspan="2">很高</td></tr>
<tr><td colspan="2">c 项所需的设计和开发验证、确认活动</td><td colspan="2">少</td><td colspan="2">中</td><td colspan="2">多</td><td colspan="2">很多</td></tr>
<tr><td colspan="2">d 项设计和开发过程涉及的职责和权限（同时应规定重要元器件的选型权限）</td><td colspan="3">高级工程师审核，经理批准</td><td colspan="3">经理审核，总监批准</td><td colspan="2">总监审核，副总批准</td></tr>
<tr><td colspan="2">e 项产品和服务的设计和开发所需的内部、外部资源</td><td colspan="3">少</td><td colspan="3">多（视觉系统、运动控制等）</td><td colspan="2">很多（同前项，及监测资源）</td></tr>
<tr><td colspan="2">f 项设计和开发过程参与人员之间接口的控制需求</td><td colspan="3">少</td><td colspan="3">较多</td><td colspan="2">很多</td></tr>
<tr><td colspan="2">g 项顾客及使用者参与设计和开发过程的需求</td><td colspan="3">少</td><td colspan="3">一般</td><td colspan="2">多</td></tr>
<tr><td colspan="2">需要告知顾客与产品和服务有关的知识</td><td colspan="3">少</td><td colspan="3">多</td><td colspan="2">很多</td></tr>
<tr><td colspan="2">h 项对后续产品和服务提供的要求</td><td colspan="8">顾客要求：现场调试 / 达到技术指标 / 响应时间
组织的要求：可以便捷地更换零部件 / 容易获得替代品</td></tr>
</table>

续上表

分级	1	2	3	4	5	6	7	8
i 项顾客和其他有关相关方所期望的对设计和开发过程的控制水平	弱，基本上没有		中，中风险的部分		强，总体及高风险的部分		很强，总体及多个高风险的部分	
j 项证实已经满足设计和开发要求所需的成文信息	《成品检验报告》，成品检验过程的输出							
项目管理人员 / 权限	项目助理 / 小			项目主管 / 中			项目经理 / 大	
保密等级	低			中			高	

注：b 项的过程阶段包括：2D 方案，3D 方案，3D 设计，工程图，验证（必要时），加工装配，控制和软件，调试，成品检验。

注意，按照“3.4.8　设计和开发”，2D 方案、3D 方案是将需求转变成更详细的需求之关键的设计和开发过程，应确保充分的资源，加强监视和测量。

项目管理人员拥有的权限，必须在企业内部进行沟通，确保相关的员工清楚项目管理人员的权限，并在工作中给予必要的支持。

评估风险时，也要考虑任务处于哪一级别。

这样的分类，对提高领导作用也有很大的帮助。团队成员更容易理解任务的性质，并能合理分配资源。

三、输入

8.3.3　设计和开发输入

组织应针对所设计和开发的具体类型的产品和服务，确定必需的要求。组织应考虑：

a）功能和性能要求；

b）来源于以前类似设计和开发活动的信息；

c）法律法规要求；

d）组织承诺实施的标准或行业规范；

e）由产品和服务性质所导致的潜在的失效后果。

针对设计和开发的目的，输入应是充分和适宜的，且应完整、清楚。
相互矛盾的设计和开发输入应得到解决。
组织应保留有关设计和开发输入的成文信息

这是设计和开发过程的主要部分，是一个关键过程，采用“输入＋活动＋输出”的模式，对过程控制提出了诸多要求。

顾客要求通常分为技术部分和商务部分。一般来讲，技术部分的内容是设计和开发的输入。但“8.3.3　设计和开发的输入”中的要求，是与设计和开发的输入有关的“控检点”，并不是输入。

根据a至d项的要求，首先，应确定能做什么（功能类的输入），以及表现如何（性能类的输入）。这其中往往可以挖掘出产品和服务的特点（Feature）、收益（Benefit）。然后，考虑以前类似设计和开发活动获得的组织的知识，这其中包括组织大量的“技术秘诀”（Know how），再充分考虑识别内外部环境时应确定的外部环境方面的输入，例如“法律法规要求”（如汽车的尾气排放标准）和“组织承诺实施的标准或行业规范”等。最后，是基于风险的思维，考虑并评估各种风险，将风险应对措施作为输入。

标准和行业规则是指导性技术文件，其技术比较先进，可以帮助组织了解自身的产品和服务。组织初次涉足一个新的领域时，查询标准和行业规则尤其重要。多年前，一家公司计划开发一种聚乙烯燃气阀门。由于当时这种产品还没有颁布国家标准，于是技术人员特意到深圳技术情报所查询国际标准化组织（ISO）、欧盟、美国标准，获得了许多重要的信息，增加了对产品的理解。

e 项“由产品和服务性质所导致的潜在的失效后果”，考虑的是产品和服务的安全性，尤其是极端情况下的安全性。例如，重型卡车的刹车距离，不仅要检测其在平坦道路上从一定的行驶速度到停止时的距离，还要考虑在较大的下坡路段完成上述动作的距离。在下坡路段，如果因轮胎老化、道路湿滑等导致重型卡车无法停车，后果将不堪设想。作为应对措施，有些山区的高速公路在下坡路段设置了一段岔路，供重型卡车在即将失控时紧急转到岔路上（图 6–5）。这是高速公路建设

图 6–5　自救匝道

部门和管理部门为解决重型卡车生产企业的“产品和服务的性质引起的潜在失效后果”而采取的应对措施。原因在于，卡车生产企业将卡车卖给运输公司之后，运输公司在高速公路上行驶的卡车，是高速公路公司的顾客。高速公路公司作为受“卡车潜在失效后果”影响的一方，必须采取应对措施。

第二段和第三段也是两项检查工作（控检点），需要丰富的专业知识和行业经验。在设计过程中，要注意防止混淆目的和方法。

某公司10多年前为一家大客户开发了注塑机自动上料系统。该系统的主要搬运机构是一个三轴机械手，其任务是将物料从A点搬运到B点。机械手的工作参数可以通过一个示教器进行设置，当时那种输入方式比较新颖。虽然示教器的使用方法并不复杂，但相对任务来说，它实际上是多余的，给设备的后期维护留下了很大的隐患，是导致项目最后失败的主要原因。究其根本，是设计人员把示教器当成了证明其技术先进的证据，而没有选择更加简单、易操作、可靠的方案。

这里面还涉及一个与组织的知识相关的问题。

在项目交付时，示教器须与其他物品一同交给顾客，这种情况下该公司应将与示教器有关的知识及其他一些知识传授给接收设备的人员，而上述公司并未意识到这一点，只做了最低限度的说明。这也是导致而后项目失败的原因之一。

此外，有些设计和开发的输入是互相矛盾的。例如，增加电池的数量，可以增加电动汽车的续航里程，但是电池数量的增加也会增加整车的重量，进而增加了耗电量，降低续航里程。因此，汽车制造商需要找到一个最优解。

最后一段是成文信息的要求。同时，企业应该总结设计和开发过程中的一些经验和教训，将其转化成企业的知识。例如，企业应将上述示教器的案例作为制订设计方案的反面教材，今后在制订方案的过程中，更加关注顾客的需求。

四、控制

8.3.4　设计和开发控制

组织应对设计和开发过程进行控制，以确保：

a）规定拟获得的结果；

b）实施评审活动，以评价设计和开发的结果满足要求的能力；

c）实施验证活动，以确保设计和开发输出满足输入的要求；

d）实施确认活动，以确保形成的产品和服务能够满足规定的使用要求或预期用途；

e）针对评审、验证和确认过程中确定的问题采取必要措施；

f）保留这些活动的成文信息。

注：设计和开发的评审、验证和确认具有不同目的。根据组织的产品和服务的具体情况，可单独或以任意组合的方式进行。

8.3.4 采用了“活动 + 目的”的模式，该小节只有 1 项要求，即“对设计和开发过程进行控制”。a 到 e 项列出了控制的各种目的，这些都是要确保达到的目的。f 项是成文信息要求。

a 项规定拟获得的结果，这是检查上一节确定的设计和开发的输入，防止遗漏。同时，将部分要求转换成更详细的要求。

b 项要求实施评审，而评审活动的目的是评价最后完成的设计和开发结果满足要求的能力。一些比较复杂的设计和开发项目，往往有大量要求，需要逐项评价其满足要求的能力。只有当所有的项目都符合要求并通过评审，才能进入后续过程。

c 项要求实施验证，实施验证的目的是确保输出满足输入的要求。输入要求一台机器的产能为 900 UPH，那么必须通过验证，确定所有的部件的产能都不低于这个要求。稍微复杂一些的机器可能包含十几个部件。也许理论上每个部件在单独工作时都能达到 900 UPH 的产能，但由于搬运或者等待等因素，可能造成整台机器无法满足产能要求。因此，需要进行验证。有些设计和开发的验证非常困难，例如验证能否安全地将宇航员送到空间站。

d 项要求实施确认，而实施确认的目的是确保形成的产品和服务能够满足规定的应用或预期用途。在电视剧《麓山之歌》中，技术人员将大型工程机械运到条件极其恶劣的高原地区，在极端条件下进行各种试验。这些极端条件就是工程机械必须满足的“规定的应用或预期用途”。

上述 4 条是确定、评审、验证和确认活动，都属于 PDCA 的检查（Check）阶段的活动。至于开展多少这类检查，应参考表 6-2 中的项目分级确定。然后根据检查的结果，确定是否需要采取措施（Action）。

e 项要求对评审或验证和确认活动中确定的问题采取必要的措施，即对 b、c、d 三项活动中确定的问题采取必要的措施。在中文版标准中，只有这一处使用了“问题”一词，英文版则是单词“problem”。根据《牛津高阶英汉双解词典》的定义，“problem”意为：难以处理的事情，难以了解的事物，难题（thing that is difficult to deal with or understand）。“难题”一词更接近设计和开发过程中工程技术人员所面临的境地：知道不对，但是不知道哪里不对、为什么不对。

b、c、d 三条必须确保的活动（评审、验证、确认）是中间目的，“以评价 / 以确保”后面所附的内容才是最终的目的。

我们以 b 项的要求为例，用问答的方式提出要求：

问：为什么要对设计和开发过程进行控制？

答：为了确保实施评审。

问：为什么要实施评审？

答：为了评价设计和开发结果满足要求的能力。

我们能不能直接保证最终目的呢？估计不行。标准的编写者也许是从那些好的企业实践中得到了答案。正所谓：没有过程，何来结果？

从这一小节可以知道，控制能够达到的目的就是控制本身所具有的功能。实际上，a 到 f 就是设计和开发过程的控制方法。

管理体系中包含大量的控制活动，上面得出的结论可以帮助我们理解控制、实施控制。也就是，在需要控制的场合，要充分考虑需要实施的评审、确认和验证。

五、输出

8.3.5 是关于设计和开发的输出的要求。这同样是一些控制和检查活动，不是设计和开发的输出。

8.3.5　设计和开发输出

组织应确保设计和开发输出：

a）满足输入的要求；

b）满足后续产品和服务提供过程的需要；

c）包括或引用监视和测量的要求，适当时，包括接收准则；

d）规定产品和服务特性，这些特性对于预期目的、安全和正常提供是必需的。

组织应保留有关设计和开发输出的成文信息。

a 项要求输出必须满足输入的（全部）要求。通常，满足这一要求的方法是按标准的要求，在产品设计完成之后，进行设计评审；在产品生产完成之后，设置一个成品检验过程，届时，逐条对照输入，确认满足输入的要求。如前文所介绍，应将设计和开发的要求全部录入《检查表》并将其作为成品检验的依据。对于《检查表》中那些比较复杂的检查项目，还需要提供介绍检查方法的支持性文件。

b 项要求我们考虑哪些后续过程与设计和开发的输出相关，并且输出对这些过程也是充分的。主要的后续过程包括：

• 采购过程：要考虑机加工件的工艺性，特别是一些涉及环保要求的工艺，以及标准件的采购周期等。

• 生产装配过程：考虑装配的工艺性。

• 调试过程：考虑产品换型的便利性，在设备验收后，客户使用时也要考虑这一点。

• 发货和运输过程：有些大型设备在厂内的搬运比较困难，设计时应考虑便于分拆。

• 客户现场调试过程和客户主导的验收过程等。

c项“包括或引用监视和测量的要求，适当时，包括接收准则”，这一要求强调监视设计质量，特别是设计中的创新、满足设计要求的程度、采购材料的质量等。

该要求中所指的接收准则，主要包括效率、优良率、能耗等，一般会在合同中作明确的规定。此外，一些客户有与安全、协助使用及防呆相关的通用要求，在验收时也作为接收准则。

d 项规定了 3 类特性，见图 6–6 所示。组织不承诺这个范围以外的其他特性。事实上，c 项已经考虑了这 3 个因素，并监视和测量其中的部分因素。

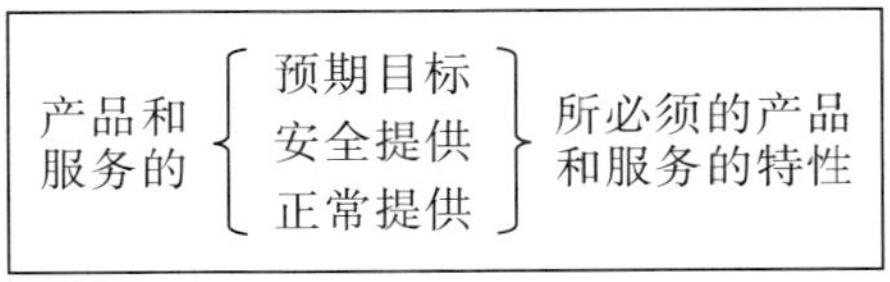

图 6–6 产品和服务的特性

六、更改

> 8.3.6 设计和开发更改
>
> 组织应对产品和服务在设计和开发期间以及后续所做的更改进行适当的识别、评审和控制，以确保这些更改对满足要求不会产生不利影响。
>
> 组织应保留下列方面的成文信息：
>
> a）设计和开发更改；
>
> b）评审的结果；
>
> c）更改的授权；
>
> d）为防止不利影响而采取的措施。

第一段为“活动 + 目的”模式，其限定的时间段是：设计和开发期间，以及后续过程。包括 3 项活动：识别、评审和控制变更，活动的目的是“确保对符合要求没有负面影响”。

第二段要求必须保留 4 类成文信息。其中，c 项要求某些临时的权限需要保留成文信息，如果在确定岗位、职责和权限时确定了相应的更改权限，且所更改的内容在权限范围内，则不需要保留成文信息；d 项的成文信息，可以为后续评价措施的有效性提供有价值的参考。在内部审核时，应逐条对照检查。

标准第 4 章到第 10 章中共出现了 29 个包含“更”字的词汇。其中，“变更”一词出现了 20 次，“更改”出现了 5 次，“更新”出现了 4 次。实际上，“更改”和“变更”在英语中可以用同一个单词“change”来表示，代表“改变”或者“更改”的意思。

3.3.10 更改控制 change control

〈技术状态管理〉在输出（3.7.5）的产品技术状态信息（3.6.8）被正式批准后，对该输出的控制活动

[源自：GB/T 19017—2008，3.1，改写]

上面是《基础和术语》“更改控制”的定义，但标准中没有“变更”“更改”“更新”的定义。从《要求》的中英文目录中可以找到与之相关的 4 条：

① 7.5.2 创建和更新（Creating and updating）

② 8.2.4 产品和服务要求的更改（Changes to requirements for products and services）

③ 8.3.6 设计和开发的更改（Design and development changes）

④ 8.5.6 变更的控制（Control of changes）

可以看出，“更新”对应的单词是“updating”，即表示在其他地方修改以后，这个地方也要做出相应的修改。

第四节 外部提供的过程、产品和服务的控制

“关系管理”是质量管理体系七大原则之一。标准“4.2 理解相关方的需求和期望”是与相关方有关的一般要求，只有这一小节规定了与相关方有关的具体要求。需要注意的是，这些要求在标准里位于组织质量管理体系范围之内，而不是外部环境因素。

组织在实施、运行质量管理体系时，除了考虑标准的要求，还可以把那些已经确定的活动（如本章第三节所述的项目分级方法）考虑进去，并根据这些活动的输出（如项目的等级 / 特性值）确定各项措施。

一、总则

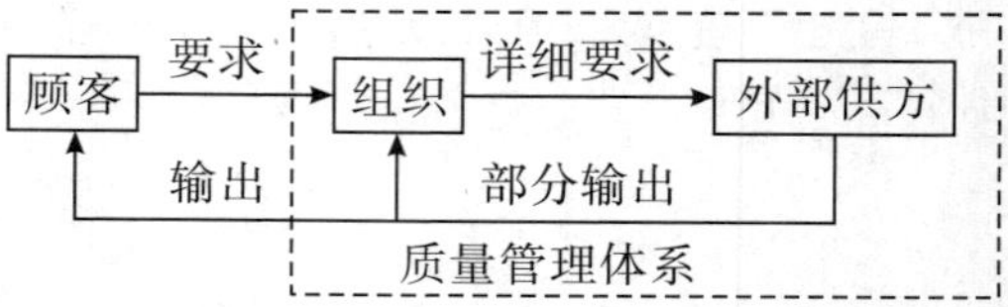

图 6–7 顾客、组织、外部供方

本节的内容是确定外部环境时必须考虑的因素。它可以被视为“8.2 产品和服务的要求”的延续：顾客向

组织提要求，组织通过设计和开发，把顾客的要求转化成更详细的要求，并将其中一部分要求交给外部供方，由外部供方帮助组织满足顾客的要求（图 6–7）。

> 8.4.1 总则
>
> 组织应确保外部提供的过程、产品和服务符合要求。
>
> 在下列情况下，组织应确定对外部提供的过程、产品和服务实施的控制：
>
> a）外部供方的产品和服务将构成组织自身的产品和服务的一部分；
>
> b）外部供方代表组织直接将产品和服务提供给顾客；
>
> c）组织决定由外部供方提供过程或部分过程。
>
> 组织应基于外部供方按照要求提供过程、产品和服务的能力，确定并实施对外部供方的评价、选择、绩效监视以及再评价的准则。对于这些活动和由评价引发的任何必要的措施，组织应保留成文信息。

“8.4 外部提供的过程、产品和服务的控制”共分 3 个小节。第一小节“8.4.1 总则”是这一节的总体要求，其后 2 个小节的相关方面，都要满足这一小节的要求。

首先是对组织的要求，即确保外部提供的过程、产品和服务符合要求。这里，标准再次要求组织“确保……”，组织应重视这些要求及其法律风险，考虑监视和测量，并制订质量目标。本章第五节将提到的“气管事故”就是组织（企业）没有确保外部提供的产品符合要求的例证。

其次，只要符合 a、b、c 三个条件中的任意一个条件，则需要对外部提供的过程、产品和服务进行控制。控制的方法可以采用“8.3.4 设计和开发控制”中介绍的各种方法。举例来说，如何确定一台电脑是否需要进行控制呢？如果这台电脑作为产品的一部分，在产品交付时必须交给顾客，那么就需要对这台电脑进行控制，包括控制其中安装的各种软件；如果仅仅是在产品生产过程中用这台电脑完成一些调试、检测之类的工作，在产品交付时不交给顾客，那么就不需要对这台电脑进行控制，有其他的控制要求除外。如果外部供方代替组织直接将电脑送到顾客处，或者组织决定由外部供方提供电脑，并负责安装调试等过程或者部分过程，同样需要进行控制。

可以参考组织自身产品和服务提供的控制—评审、验证和评价等方法。

第三段第一句要求组织“应基于外部供方按照要求提供过程、产品和服务的能力，确定并实施对外部供方的评价、选择、绩效监视以及再评价的准则”。通常情况下，外部供方必须满足技术要求，特别是产品的工程图上标注的技术要求。按照“2.2.1　质量”的定义，我们须根据满足要求的程度评价质量。有些行业习惯将不合格产品返工或者返修，甚至重做。返工、返修、重做等虽然可以满足技术要求，但是会影响交付要求及后续过程，对组织来说是一种风险。

按时交付本身也是一项重要的要求和重要的外部供方评价指标。

如果外部供方评价的满分是 100 分，那么可以根据各种评价指标的重要性，确定指标的权重。例如品质占 40%，价格和准时交付各占 30%。将外部供方的各项指标得分相加，得出外部供方的综合评分，可以比较准确地确定“外部供方按照要求提供过程、产品和服务的能力”。然后，将外部供方分级，例如将其分为 A、B、C 三个等级。A 级外部供方，优先选择，采购量较大；B 级次之，而只有在无法选择 A 级和 B 级供方时，才选择 C 级。同时，持续监视和测量外部供方的绩效，定期调整外部供方的分级。

最后是保持成文信息。

二、控制类型和程度

8.4.2　控制类型和程度

组织应确保外部提供的过程、产品和服务不会对组织稳定地向顾客交付合格产品和服务的能力产生不利影响。

组织应：

a）确保外部提供的过程保持在其质量管理体系的控制之中；

b）规定对外部供方的控制及其输出结果的控制；

c）考虑：

1）外部提供的过程、产品和服务对组织稳定地满足顾客要求和适用的法律法规要求的能力的潜在影响；

2）由外部供方实施控制的有效性；

d）确定必要的验证或其他活动，以确保外部提供的过程、产品和服务满足要求。

第一段是一项重要的概括性要求，强调组织必须确保外部提供的过程、产品和服务不会对其稳定地向顾客交付符合要求的产品和服务的能力产生负面影响。这是“4.2　理解相关方的需求和期望”的一个具体应用。

第二段是 4 种类型的控制。

首先，“确保”将外部供方的过程纳入组织的质量管理体系范围内。关于这一点，组织应在确定质量管理体系范围时加以说明，保证相关人员知悉；运用过程方法，考虑标准 4.4.1 的各项要求；定期审核外部供方的质量管理体系。

其次，随着专业化程度的提高，组织越来越多地依赖外部供方的过程。组织应预先确定将对外部供方实施的控制，例如对外部供方形成的输出结果进行评审、验证。

根据经验及控制库存的需要，企业可能需要控制供应商的交货时间（外部供方的输出）。但是，简单地在采购订单中规定交货时间，往往不能达到预期。为此，企业可以将供应商分成若干个组，按组下订单，并且在一定的时间内，不再重复给已经下过订单的那些组的供应商下订单。这样，一个组内的供应商将按合同要求交货，而不是将前后两次订单合在一起交货。这在一定程度上实现了“准时制”。

对于需要从供应商处直接发货到客户的物料，应先评价其重要性。根据评价结果，可采取直接发货或者检验人员到供应商处检验物料的质量等不同的安排。对于后一种情况，物料须经检验员确定符合要求之后，才能发出，同时须保留必要的证据。

再次，需要考虑 2 类因素，2 个控检点。相对“确保”类的要求，这类要求有一定的弹性。第一个因素是外部提供的过程、产品和服务对组织稳定地满足顾客要求和适用的法律法规要求的能力的潜在影响。关键是满足要求的能力，这也是相关方的一种特性。第二个因素是“由外部供方实施的控制的有效性”。

最后，和组织自身的“产品和服务的提供的控制”基本相同，即确定一些必要的活动，比如“验证”。

三、提供给外部供方的信息

本小节的意义与确定顾客需求相同。

8.4.3　提供给外部供方的信息

组织应确保在与外部供方沟通之前所确定的要求是充分和适宜的。

组织应与外部供方沟通以下要求：

a）需提供的过程、产品和服务；

b）对下列内容的批准：

1）产品和服务；

2）方法、过程和设备；

3）产品和服务的放行；

c）能力，包括所要求的人员资格；

d）外部供方与组织的互动；

e）组织使用的对外部供方绩效的控制和监视；

f）组织或其顾客拟在外部供方现场实施的验证或确认活动。

第一项要求是确保要求的充分性和适宜性。同样，此项要求强调组织在过程中的责任，所确定的要求不能少，也不能过时。组织的责任，要落到过程相关人员的身上。

第二项要求是组织与外部供方沟通的 6 个方面。

a 项明确规定组织需要与外部供方沟通将由后者提供的过程、产品和服务。这里同样可以使用《检查表》。

b项包含3个方面的批准：产品和服务，方法、过程和设备，产品和服务的放行。外部供方使用的方法和过程需要得到组织的批准，才能向组织供货。很多企业有严格的供应商管理制度。供应商只有通过严格的审核，取得一个供应商代码，才能向组织供货。

c项为“能力，包括所要求的人员资格”。针对一些技术含量比较高的零部件的外部供方，组织往往没有有效的方法确定其人员的能力，只能参考人员的资格。而人员的资格常常赶不上技术的进步，因此组织需要就这一类需求与外部供方加强沟通，确保其有能力处理与其提供的产品和服务相关的各类事项。对于到组织来短期工作的供应商员工，甚至还需要了解他的情绪管理能力。此外，一些特殊作业人员必须具有相应的资格，如电工作业人员必须具有有效的电工证。

d 项，外部供方可能会给组织提供一些新材料、新工艺的信息。使用这类材料和工艺，有一定的风险，组织应评审风险，然后参照本书第四章中介绍的各种方法，制定应对风险的措施。尊重契约的组织，可以赢得外部供方的信任。同时，对组织认可程度比较高的外部供方，会在组织遇到困难的时候提供帮助。相反，错误的价值观很难得到优秀人才的认同，对组织有一定的破坏性。

e项，组织可以从多个方面监视和测量外部供方的绩效，例如准时交付率、合格率、对待竞争的态度等。监视和测量的结果，可以用于外部供方的评价。同时，组织必须与外部供方沟通监视和测量的结果，确保双方对要求的理解是一致的。

f 项，组织的顾客到外部供方的现场实施验证和确认活动前，会进行充分的沟通，确保外部供方有相应的技术条件。这种情况下，控制要求与直接送到组织的控制要求相同。如果达不到要求，则必须改变计划，采取其他的方法进行验证和确认。验证和确认通过之后，才能输出到后续过程。

这些基本上是组织管理体系的缩略版。当企业拥有数量众多且类型多样的外部供方时，往往会涉及大量知识以及各种风险，对企业来说也是一个巨大的挑战！如果外部供方按标准建立了质量管理体系，情况会好一些。

最后，要做好“关系管理”，往往需要正确的价值观。价值观不是道德问题，只是商业逻辑。例如，选用价格低、可靠性稍差的零部件，可以降低生产成本，但一次售后服务的成本可能超过节约下来的生产成本，同时还会损失顾客满意度。价值观不同的组织往往会做出不同的选择。即便组织确定了自己的准则，在组织内部执行的过程中，不同的成员也可能存在差异，因此也存在一定的风险。

第五节 产品和服务的提供

一、控制

本小节涉及一些企业的装配过程和调试过程。

8.5.1 生产和服务提供的控制

组织应在受控条件下进行生产和服务提供。

适用时，受控条件应包括：

a）可获得成文信息，以规定以下内容：

1）拟生产的产品、提供的服务或进行的活动的特性；

2）拟获得的结果。

b）可获得和使用适宜的监视和测量资源；

c）在适当阶段实施监视和测量活动，以验证是否符合过程或输出的控制准则以及产品和服务的接收准则；

d）为过程的运行使用适宜的基础设施，并保持适宜的环境；

e）配备胜任的人员，包括所要求的资格；

f）若输出结果不能由后续的监视或测量加以验证，应对生产和服务提供过程实现策划结果的能力进行确认，并定期再确认；

g）采取措施防止人为错误；

h）实施放行、交付和交付后的活动。

8.5.1 是关于控制的要求，涉及 8 个方面的控制。

a 项是使用成文信息的要求，包括 2 种成文信息：拟生产的产品、服务、活动 3 个方面的特性的信息；拟获得的结果。不同的产品、服务、活动的特性具有很大的差异，其中还有不少技术秘诀（Know how），充分认识这些差异，可以更好地控制生产和服务的提供。

图 6-8 是一个简单的机械结构。如果在装配 10# 零件时发现 7# 零件不合格，那么几乎要拆掉整个机构以后才能处理 7# 零件的不合格。复杂机构出现类似的情况时，造成的损失更大。企业应认识到这种生产特性，并采取预防措施，减少此类不合格。

图 6-8 所示结构的另外一个特点是，如果缺 3# 零件将导致其他零件无法装配，对生产的影响很大；缺 10# 零件，则可以把其他部分装好，待 10# 零件到货后再加上去，对生产影响很小。组织的采购部门必须清楚这一特点。必要时，可对零部件按影响大小进行分级（图 6-9）。有些产品的体积较大，进行吊装等作业时要非常重视安全，作业前必须进行全面的安全检查。

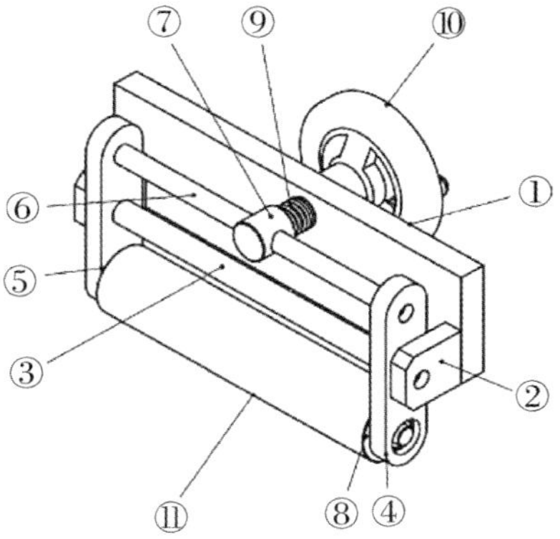

图 6-8 一种简单的机械结构

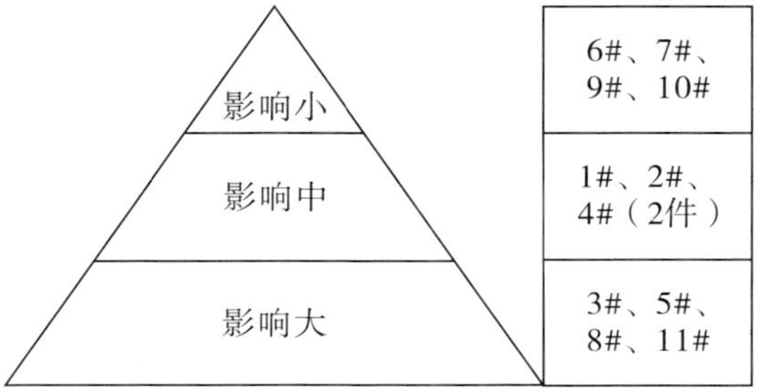

图 6-9 零件对装配过程的影响

组织需要深入挖掘产品的这一类特点。这些特点是计划、生产等工作的基础。

这些成文信息是提供支持的信息。

b 到 e 项是标准“7 支持”中应考虑的内容，即所谓的纵向看过程。标准在这里提出了明确、具体的要求。我们可以重新检视我们在那一部分的工作，或者将两部分互相印证。

2019 年，某公司为福建一家客户生产了十几条生产线。然而，由于气管供应商提供的气管是用“再生料”生产的，其使用寿命比原来使用的气管要短得多，两年后，这一批设备出现大量的气管漏气现象。

这个案例正是上述 f 项要求提及的现象，该公司没有能力通过监视和测量来验证气管的成分和预期寿命。按过程的分类，这是一个“特殊过程”。

国际标准化组织的专家把该想到的都想到了。我们反复强调，按照标准可以建立科学的管理体系，提高公司的经营管理水平。

对于 g 项的要求，有些企业在生产现场设置一些过程检验岗位（IPQC），抽查在制品的质量。此外，像设备一类的产品，不少零件之间存在一定的配合关系，比较容易发现错误，从而在一定程度上降低了人为错误的可能性。小家电、玩具等产品在设计时也应考虑装配的要求，增加防呆措施。

h 项分为 2 个部分，其中“产品和服务的放行”在 8.6 中讨论，而“交付和交付后活动”在 8.5.5 中讨论。

二、标识和可追溯性

8.5.2 标识和可追溯性

需要时，组织应采用适当的方法识别输出，以确保产品和服务合格。

组织应在生产和服务提供的整个过程中按照监视和测量要求识别输出状态。

当有可追溯要求时，组织应控制输出的唯一性标识，并应保留所需的成文信息以实现可追溯。

作为手机核心部件之一，手机厂商非常重视手机锂电池的安全性，要求电池生产厂家严格控制生产过程。锂电池的可追溯性要求也许是民用产品中最高的，通常可以追溯到是哪一天、哪个时间、哪一条生产线、哪个批次生产的。如此严格的措施，是为了万一产品出现质量问题时，可以追回所有存在风险的产品，防止问题扩大。

下面是“可追溯性”的定义。

3.6.13 可追溯性 traceability

追溯客体（3.6.1）的历史、应用情况或所处位置的能力

注 1：当考虑产品（3.7.6）或服务（3.7.7）时，可追溯性可涉及：

——原材料和零部件的来源；

——加工的历史；

——产品或服务交付后的分布和所处位置。

注 2：在计量学领域中，采用 ISO/IEC 指南 99 中的定义。

前面提到的气管漏气问题，也可以利用可追溯性锁定有风险的那一部分设备。否则，更换所有由该公司生产的设备上的气管，对顾客的影响是灾难性的。

三、顾客或外部供方的财产

8.5.3 顾客或外部供方的财产

组织应爱护在组织控制下或组织使用的顾客或外部供方的财产。

对组织使用的或构成产品和服务一部分的顾客和外部供方财产，组织应予以识别、验证、保护和防护。

若顾客或外部供方的财产发生丢失、损坏或发现不适用情况，组织应向顾客或外部供方报告，并保留所发生情况的成文信息。

注：顾客或外部供方的财产可能包括材料、零部件、工具和设备以及场所、知识产权和个人资料。

8.5.3 第一项要求指出组织对待顾客和外部供方的财产要有正确的指导思想，并强调这类指导思想必须通过有效的沟通传递到所有的相关人员。

第二项要求提出了组织需要开展的识别、验证、保护、维护等四项活动，活动的对象是顾客或外部供方的财产。这些顾客或外部供方财产是顾客或外部供方提供给组织（企业）使用的，或最终成为产品和服务的一部分。

第三项是一个条件语句，符合 3 类情况时，组织需向顾客和外部供方报告，并保留成文信息。

注中列出了几类常见的顾客和外部供方财产，前 4 类是有形的财产，后 2 类是无形财产。这些财产为落实第二项要求提供了参考，也是控检点。

应为这些工作设置一个专门的岗位，并规定职责和权限。

四、防护

8.5.4 防护

组织应在生产和服务提供期间对输出进行必要的防护，以确保符合要求。

注：防护可包括标识、处置、污染控制、包装、储存、传输或运输以及保护。

8.5.4 只有一项要求，即“对输出进行必要的防护”，其目的是“确保符合要求”。

注中实际上包含 2 类活动。一类是交付活动，例如包装、贮存、搬运、传送、运输等；另一类是常用的防护方法，例如包装、标识、污染控制等，同样是控检点。

贮存条件、搬运设备和运输设备是“7.1.3　基础设施”必须考虑的因素。例如，生鲜食品的贮存需要大型冷库，大型工程机械都放在室外空旷处。

五、交付后活动

8.5.5　交付后活动

组织应满足与产品和服务相关的交付后活动的要求。

在确定所要求的交付后活动的覆盖范围和程度时，组织应考虑：

a）法律法规要求；

b）与产品和服务相关的潜在不良的后果；

c）产品和服务的性质、使用和预期寿命；

d）顾客要求；

e）顾客反馈。

注：交付后活动可包括保证条款所规定的措施、合同义务（如维护服务等）、附加服务（如回收或最终处置等）。

8.5.5 要求企业须满足交付后活动的要求。企业首先应在与顾客沟通（见 8.2）时，沟通相关要求，并在合同中明确规定交付的节点，其次再考虑这一小节的要求。

有一类设备生产企业，其生产的设备装配、调试完成以后，客户往往要到该企业的生产现场进行初步验收，验收合格后才能发运。设备运到客户厂区后，设备的产权没有转移，仍归设备生产企业所有。只有验收合格之后，设备产权才转移至客户。因此，从“验收合格之后”开始，才算“交付后”。

a 项是法律法规的要求，包括安全生产相关要求、职业卫生健康要求等。不同的城市对企业的污染物排放的要求是不一样的。

b 项“与产品和服务相关的潜在不良的后果”，是风险评估要求，和“8.3.3……e）产品和服务的性质所导致的潜在的失效后果”意思相同，针对组织运行的不同阶段。这一阶段需要考虑所有的可能性。虽然在设计和开发的早期已经进行了充分的评估，但在这里再次进行评估时，除了之前评估的内容，还要考虑后期可能出现的一些风险，其关键在于按照风险评估的结果，采取各种应对措施。

前面提到的设备制造企业，其生产的一些新设备往往风险比较高，必须安排技术好、经验丰富的员工来负责这类设备的售后服务，并且确保现场能够及时（30分钟以内）获得需要的零配件。

对于c项，应参考法律法规及类似产品和服务确定“产品和服务的性质”。例如，将芯片根据规格等级分为民用级（消费级）、工业级、汽车级与军用级（航天级）4类；根据顾客需求及关键零部件确定产品的“使用”方法；根据试验或经验确定“预期寿命”。

关于d项“顾客要求”，交付后，顾客可能想到一些新要求，例如增强产品性能或增加功能，组织可以利用产品上剩余的端口，为顾客提供方便。模块化设计可以改进产品的“柔性”。

关于e项“顾客反馈”，有很多企业开通了400电话接受顾客反馈，现在利用微信公众号获得顾客反馈的做法则非常普遍。

大量的交付后活动，需要企业的相关人员到顾客处完成，这既是对企业管理的严峻考验，也是组织了解顾客、展示自己的最佳时机。某企业的一位售后服务人员，常常在深夜接到顾客现场的求助电话。每当这种时候，他总是面带微笑赶赴现场，解决问题，为该企业赢得了极佳的口碑。

六、更改控制

> 8.5.6 更改控制
>
> 组织应对生产或服务提供的更改进行必要的评审和控制，以确保持续地符合要求。
>
> 组织应保留成文信息，包括有关更改评审的结果、授权进行更改的人员以及根据评审所采取的必要措施。

8.5.6仅针对生产和服务提供阶段发生的更改进行控制。

第一段要求评审和控制。输入是此阶段出现的各种变更，输出是评审结论。针对评审结论采取相应的措施，其目的是确保持续符合顾客的要求。

组织可参考8.1第三段的要求，评审非预期的变更的后果，并在必要时采取措施减轻任何不良影响。

在一些组织中，类似的变更并不少见，有些甚至较为复杂，其影响的范围也相当广泛。然而，很少有组织按照 8.5.6 的要求“控制”和“评审”，从而错失了很多改进的机会。致使有些变更反复出现，给组织造成巨大的损失，包括顾客满意度和时间成本方面的损失。

第二段要求保持 3 类成文信息：描述变更的评审的结果，有权变更的人员，必须采取的措施。其中有权变更的人员应在“角色、职责和权限”中充分考虑，同时参考项目的分级。

第六节　产品和服务的放行

8.6　产品和服务的放行

组织应在适当阶段实施策划的安排，以验证产品和服务的要求已得到满足。

除非得到有关授权人员的批准，适用时得到顾客的批准，否则在策划的安排已圆满完成之前，不应向顾客放行产品和交付服务。

组织应保留有关产品和服务放行的成文信息。成文信息应包括：

a）符合接收准则的证据；

b）可追溯到授权放行人员的信息。

8.6 分为三段，分别是三项要求。

第一项要求是“在适当阶段实施策划的安排”，其目的是“验证产品和服务要求已得到满足”。这是“活动 + 目的”的模式。“策划的安排”是指关于“验证产品和服务满足要求”的相关安排。例如前面介绍过的一类企业，其产品和服务必须通过顾客的预验收才能放行。而绝大部分企业都有自己的成品验收过程（OQC）。

企业生产的产品如果有国家标准或者行业标准，企业必须在产品上市销售之前进行“型式试验”，以检验产品的各项性能指标，包括极端条件下产品的性能指标，确保符合国家标准和行业标准的要求，才能投入生产。有些行业的国家标准和行业标准是强制性的，企业必须将产品送到国家有关部门指定的检测机构进行“型式试验”，取得检测合格证书，才能投入生产，上市销售。

第二项要求是一项限制性要求，规定产品和服务必须经过授权人员的批准，才能够放行。必要时，还必须得到顾客的批准。这是过程对人员的要求，也需要确定控制准则。

第三项要求是成文信息要求，包括2个方面的要求：一是符合接收准则的证据，包括测试和各种验证、检验报告；二是一项与职责和权限有关的具体要求，即有权放行人员的可追溯性，追溯其权力来源。这样的过程要求堪称无懈可击。

第七节 不合格输出的控制

这是不合格的一个类别，即与产品和服务有关的不合格。其他类别的不合格见标准“10.2 不合格和纠正措施”。

2015 版国际标准采用了“产品和服务”的表述。标准附录 A.2 中强调，“产品和服务”这个术语包括所有的输出类别：硬件、服务、软件和加工材料，那么不合格的输出也包括这 4 种类型。

> 8.7.1 组织应确保对不符合要求的输出进行识别和控制，以防止非预期的使用或交付。
>
> 组织应根据不合格的性质及其对产品和服务符合性的影响采取适当措施。这也适用于在产品交付之后，以及在服务提供期间或之后发现的不合格产品和服务。
>
> 组织应通过下列一种或几种途径处置不合格输出：
>
> a）纠正；
>
> b）隔离、限制、退货或暂停对产品和服务的提供；
>
> c）告知顾客；
>
> d）获得让步接收的授权。
>
> 对不合格输出进行纠正之后应验证其是否符合要求。

第一段为“活动 + 目的”模式。

标准要求企业“确保不符合要求的输出得到识别和控制”，最终目的是“防止其非预期的使用或交付”。这是这一章中第三次提到类似的要求。在组织的整个运行过程中，必须始终贯穿“基于风险的思维”。

首先，要重视这项要求，确保充分的资源，尤其是人员，并规定职责和权限；其次，结合前期的风险评估，重点关注中、高风险过程和设计中的不合格，尽早识别不合格；然后，加上清晰的标识，并确保标识不易损坏、丢失，由责任人放在规定的、有显著标识的区域；最后，还要防止过度依赖主要的检测过程，增加一些专项检测，保证检测的充分性。

第二段是当最坏的情况出现，即产品交付后、服务提供期间或之后发现不合格产品和服务的输出时，可以根据不合格的性质及其对产品和服务符合性的影响采取适当的措施。这适用于以下 3 个阶段发现的不合格之产品和服务：产品交付后、服务提供期间、服务提供之后。

按不合格的性质和影响两个维度划分不合格等级（特性值），见表 6-3。

表 6-3　不合格分级

维度		影响	
		大	一般
性质	严重	A 级	B 级
	一般	C 级	D 级

针对 4 种分级，制订应对措施。应对措施可以是 a 到 d 措施的一种，也可以是多种措施的组合。

一旦出现不合格，须先确定不合格的等级，再采取相应措施。不论哪一种措施，实施之后都要验证结果符合要求的程度，看看是不是真正消除了不合格。企业还可以准备一些预案，演练各种应对措施以达到适当的熟练程度。

最后，可以借鉴那些有巨大不良影响的不合格输出事件，引以为戒。这就是我们的先哲所说的：择其不善者而改之。

8.7.2　组织应保留下列成文信息：

a）描述不合格；

b）描述所采取的措施；

c）描述获得的让步；

d）识别处置不合格的授权。

这一段前两项要求都很明确，实际工作中按照要求严格执行就可以满足标准的要求。

c 项“描述所获得的让步”是保留 8.7.1“d）获得让步接收的授权”的成文信息。

d 项要求组织规定一种权限——决定有关不合格的措施的权限，并且有成文信息作为不合格控制的证据。例如，组织有 A、B、C 三类不合格的措施，A 类最高，C 类最低。那么，组织必须规定谁可以决定采取 C 类措施，谁可以决定采取 B 类措施。这类要求与 8.2.1“e）关系重大时，制定应急措施的特定要求”相似，可参见本章第二节。

第七章 绩效评价

组织建立、实施和保持质量管理体系，很像一个医美过程。在当今科技发达的时代，一个人想改变自己的容貌并不是一件难事。在他选择了外部供方（医美机构）之后，外部供方会按照本书第六章第二节中描述的“确定产品和服务的要求”的过程，确定他的需求。如果是面部整容需求（如要求像某著名女明星），外部供方会将该女明星的照片和顾客的容貌进行比对，找出差异的部位，逐个修整，直至达到理想效果。在这个过程中，女明星的照片、顾客的容貌、比对找差异和逐个修正分别对应管理体系标准的要求、组织的质量管理体系、绩效评价和持续改进等。

但须注意动机的差异！医美机构的顾客追求的是更美或者完美，而不是做过美容的证明文件。

本章属于PDCA循环的检查（Check）阶段。其中所有的要求均与检查相关，也就是说标准中的检查（Check）有更广泛的含义，包括监视、测量、分析、评价、顾客满意、管理评审和内部审核等。本书第三章第一节中“最高管理者的多项职责”与这一章的要求有关。

而第二章第一节中提到的“采购员发出采购订单的及时性”的案例，便是一个完整的监视、测量、分析和评价的过程。

第一节 监视、测量、分析和评价

9.1.1 总则

组织应确定：

a）需要监视和测量什么；

b）需要用什么方法进行监视、测量、分析和评价，以确保结果有效；

c）何时实施监视和测量；

d）何时对监视和测量的结果进行分析和评价。

组织应评价质量管理体系的绩效和有效性。

组织应保留适当的成文信息，以作为结果的证据。

9.1.1 的标题是“总则”，9.1 的其他小节都必须符合这里的要求。该小节有 3 项要求，包括“确定”“评价”“保留”3 项活动。

第一项要求包括 4 个方面。首先是确定监视和测量的项目（What）；其次是确定监视、测量、分析和评价的方法（How），并明确目的（Why）是保证效果；再次是确定监视和测量的时机（When）；最后是确定分析和评价监视和测量的结果的时机（When）。

选择监视和测量项目的 2 个控检点是：影响质量管理体系实现其预期结果，关键过程的绩效指标。前者是所有确定监视项目时必须考虑的首要因素。

本书第二章第一节罗列了 7 项与监视和测量有关的标准的要求。另外，标准 4.4.1“c）确定和应用所需的准则和方法（包括监视、测量和相关绩效指标）”中，要求监视和测量过程的绩效指标。组织管理体系通常包含大量过程，至少应监视和测量关键过程的绩效指标。

第二项要求是评价管理体系的绩效和有效性，这是本节的最终目的。

第三项要求是保留成文信息，目的是作为证据。

一、测量

前面的章节已经讨论了监视和监视项目，下面我们讨论测量。

有一句管理名言：所测即所得。意思是说，测量的内容决定我们最后能够得到的结果。与前面讨论“监视”时提到的“领导检查工作”相比较，测量的作用更为重要。

按照体系漏斗的方法，标准要求实施“监视”的项目中，有一部分需要测量。测量的结果为分析和评价提供了数据，可以提高分析和评价的准确性。最后，组织将根据分析和评价的结论，决定后续的行动。

企业通常使用一些经营指标，如总销售收入和总的利润等，以及与之对应的人均销售收入和人均利润，来反映管理体系的“三性”。以华为为例，它有研发、生产、销售和售后服务等业务单元，人均销售收入 300 万元以上（华为 2022 年年度报告），充分反映了华为的管理体系的有效性。

《要求》0.3.1 中强调“每一过程均有特定的监视和测量检查点以用于控制，这些检查点根据相关的风险有所不同”，说明监视和测量的主要目的不是人的工作或者表现，而是过程的绩效。

可以通过监视和测量“沟通的次数”来评价“确定客户需求过程”中沟通的效率；可以通过测量“准时交付率”“工程更正率”等来评价“产品的设计和开发过程”的绩效。与领导作用相关的要求是监视和测量的重点，此外，还应监视和测量顾客满意度。

二、顾客满意

质量管理体系仅有 2 个输出，“顾客满意”是其中之一，其重要性是显而易见的。

> 9.1.2　顾客满意
>
> 组织应监视顾客对其需求和期望已得到满足的程度的感受。组织应确定获取、监视和评审该信息的方法。
>
> 注：监视顾客感受的例子可包括顾客调查、顾客对交付产品或服务的反馈、顾客座谈、市场占有率分析、顾客赞扬、担保索赔和经销商报告。

9.1.2 包括 2 项要求：监视顾客的感受，确定方法。注中提供了一些常见的方法。

首先，应客观评价组织自身的表现，例如产品和服务符合要求的程度等。符合要求的程度越高，顾客的满意程度自然越高。然后，再考虑利用注中的各种方法。例如，请专业的调查机构进行顾客调查，对常见的顾客反馈进行识别和分类，并通过培训保证相关人员能够真正理解顾客反馈的含义。

管理体系也可以随着通信技术的进步与时俱进，包括顾客调查方法和获取顾客反馈的方法。一些设备生产企业，有大量的员工在客户的工厂，提供驻厂技术支持。他们在工作中需要与客户和企业内部进行大量的沟通。微信群为这些员工的工作提供了方便，也成为企业了解客户满意程度的重要窗口。这种方法在及时性方面具有巨大优势，有可能替代传统的调查表等方法。通过科学的获取、监视和评审信息，可以准确了解客户满意度。例如，在每一个微信群设一个监视岗，由专人负责监视微信群中顾客的留言，并将留言分正面、中性、负面三类进行统计，每周评审顾客的满意度。有些企业甚至建立一个用户社区，直接获得用户使用产品的体验，及时改进产品，取得了巨大的成功。

标准 2.3.1.4 列出了一些以顾客为关注焦点可开展的活动。

2.3.1 以顾客为关注焦点

2.3.1.4 可开展的活动包括：

——识别从组织获得价值的直接顾客和间接顾客；

——理解顾客当前和未来的需求和期望；

——将组织的目标与顾客的需求和期望联系起来；

——在整个组织内沟通顾客的需求和期望；

——为满足顾客的需求和期望，对产品和服务进行策划、设计、开发、生产、交付和支持；

——测量和监视顾客满意情况，并采取适当的措施；

——在有可能影响到顾客满意的有关相关方的需求和适宜的期望方面，确定并采取措施；

——主动管理与顾客的关系，以实现持续成功。

三、分析和评价

《论语》“学而”篇中有“曾子曰：吾日三省吾身”，强调要每天分析评价自己多次。标准的编写者显然与曾子有同样的理念，十分重视分析和评价。

> 9.1.3 分析和评价
>
> 组织应分析和评价通过监视和测量获得的适当的数据和信息。
>
> 应利用分析结果评价：
>
> a）产品和服务的符合性；
>
> b）顾客满意程度；
>
> c）质量管理体系的绩效和有效性；
>
> d）策划是否得到有效实施；
>
> e）应对风险和机遇所采取措施的有效性；
>
> f）外部供方的绩效；
>
> g）质量管理体系改进的需求。
>
> 注：数据分析方法可包括统计技术。

9.1.3 包含 2 项要求和 3 个活动，活动是分析和两次评价。

第一项要求涉及分析和评价，并提供了“输入源”——监视和测量等过程，以及“输入”——数据和信息。组织应通过分析数据和信息，来评价下一段所列举的质量管理体系的 7 个重要方面。

第二项要求强调了“评价”必须以“分析”的结论为依据。

“注”部分提供了一个数据分析方法的选项，供贯标组织参考。

a 项“产品和服务的符合性”，组织应当从多侧面分析产品和服务，例如，汽车生产企业可按产品的种类、按用户年龄及地域、按各种重要功能等分析、评价符合性。

b 项“顾客满意程度”，组织可以从产品和服务的质量、交付和售后服务、价格等三个方面分析、评价顾客满意程度。

c 项“质量管理体系的绩效和有效性”，组织可通过分析“三种能力一个机会”方面整体的绩效，来评价质量管理体系的绩效和有效性。本条涉及最高管理者的职责，也是评价最高管理者领导作用和承诺的重要依据。

d 项“策划是否得到有效实施”，此项分析的目的，是检查组织与 PDCA 循环相关的意识及能力，评价策划实施的效果，为今后的策划工作提供帮助。

e 项“应对风险和机遇所采取措施的有效性”，此项提醒组织须谨记“基于风险的思维”。组织可以选择一些典型的应对风险和机遇的措施进行分析，评价措施的有效性。

f 项“外部供方的绩效”，本书第六章第四节介绍了一些外部供方的分析要点，分析结果是评价外部供方的绩效的依据。

g 项“质量管理体系改进的需求”，在管理评审、内外部审核等过程中可以发现改进的需求，在 a 到 f 六项分析中，同样可以发现改进的需求。改进无止境，组织可通过分析与体系有关的监视和测量项目，来评价改进的需求。

（1）举例

有一家企业生产自动抄表系统，产品分布在一个城市的各个居民区。为了保证系统正常工作，该公司配备了一支规模庞大的售后服务队伍。

尽管如此，客户投诉仍时有发生。公司领导屡次询问问题的原因，而售后服务部门的负责人始终回答是天气的原因，雷雨天气对该公司的产品有很大的影响。

好在该公司拥有一套完整的系统故障统计数据。公司按照每个售后服务人员负责区域内系统的故障率，进行数据分析。结果显示，不同售后服务人员所负责区域的系统故障率差异很大。

表现出色的售后服务人员，其分管的区域故障率低于 2%；而表现差的售后服务人员，其分管的区域的故障率超过 20%。通过这项分析，该公司准确地确定了故障率的一个影响因素，找到了改进的方向。

这里还涉及一个领导作用的问题。领导不应轻易接受下级对不合格的解释，而是应该要求下级监视、测量、分析和评价不合格，同时要求他们采取必要的措施。

（2）分析

分析是质量管理体系的一项重要活动，然而，《基础和术语》中没有“分析”这个术语。标准的编写者可能将分析视为一种基本的方法或者能力，而认为没有必要给一个明确的定义。

《现代汉语词典》中对“分析”一词的释义是：把一件事物、一种现象、一个概念分成较简单的组成部分，找出这些部分的本质属性和彼此之间的关系（跟“综合”相对）。照此释义，分析的关键是“本质属性”和“关系”。

然而，某些组织的实际情况也许让人大跌眼镜。当面对数据时，有些人可能会直接列举数条理由，解释数据为何如此，却不会真正地阅读数据，并分析数据反映出的库存情况。例如，在图 7-1 中，如果 10 000—12 000 件是预期的范围，那么图中的数据显示，有 6 天高于预期，4 天在预期的范围内，7 天低于预期。高于预期和低于预期都属于不合格，需要分别查找原因并制订改进措施。

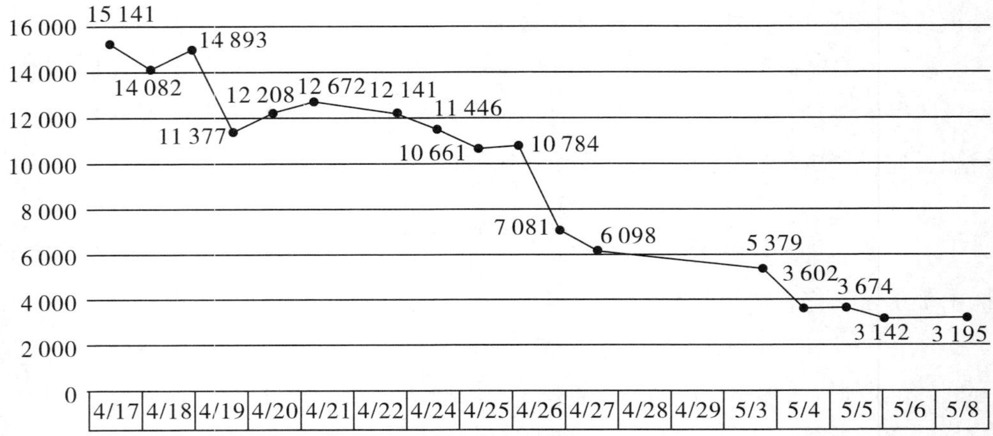

图 7-1　加工件库存监控数据

事实上，2.3.6.4 循证决策可开展的活动中就有“确保人员有能力分析和评价所需的数据”，这同样证明分析是一种重要的能力、重要的内部因素。

可以说，正确的分析才能得出正确的结论，找出问题的症结，为我们的工作指明方向；才能避免像没头的苍蝇一样，到处乱飞。

解读标准时，我们也运用了一些分析方法。

在本书第一章第五节“活动”中，我们将标准的要求按（需要完成的）活动进行分类统计，并列举了最常见的 10 项活动（见表 1-3）。根据分析，我们可以得出一个结论：“确保”“确定”等 10 项活动对组织的质量管理体系影响重大。因此，建议组织在建立和实施质量管理体系时，应当优先考虑这 10 项活动，并确保能够正确地完成。本书还按照标准“活动 + 目的”等模式，将标准条文分成 4 个主要类型。这些分析方法旨在帮助读者更好地理解标准要求的“本质属性”和“关系”。

此外，“要因分析图”也是一种非常重要的分析工具。它对所有的分析对象，尤其是不合格的情况，都从“人、机、料、法、环、测”6个方面逐一进行分析（图7-2）。它们与管理体系的要求之间的关系如下：

人——包括标准“5.3 角色、职责和权限”和标准“7.1.1 人员”“7.2 能力”等因素；

机——考虑生产机器和使用机器；

料——与输入、输出有关的材料、物料和外部供方的管理；

法——方法和准则；

环——内外部环境和“7.1.4 过程运行环境”；

测——包括“7.1.5 监视和测量资源”，及监视和测量项目。

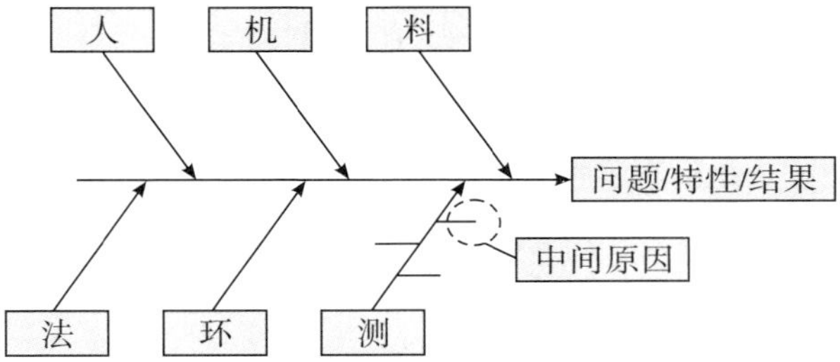

图 7-2 要因分析图

这里应注意3点：①要因分析图的每一个分支均是一连串“为什么”，可以说“五个为什么”是它的一部分，或者说是它的基础，如图7-3所示。②大多数情况下，确定不合格的原因需要许多相关的知识。③有些因素似乎既与人有关，又与方法有关，这令人感到十分困惑。如果不合格发生在一个人的工作中，可以看作是人的因素导致的不合格；而如果同样的不合格出现在多个人的工作中，则可以判断是方法上的不合格。最后，我们可以提出一个大胆的猜想：如果能通过“五个为什么”在第一时间把问题都解决了，是否就不再需要要因分析图了？

答案是肯定的。

如果通过“五个为什么”解决了“刹车导管长度不良”这一问题，那么鱼骨图上就会少了一个中骨（图7-3“中骨【事实】”）。如此下去，鱼骨图只剩下几个光秃秃的大骨了。

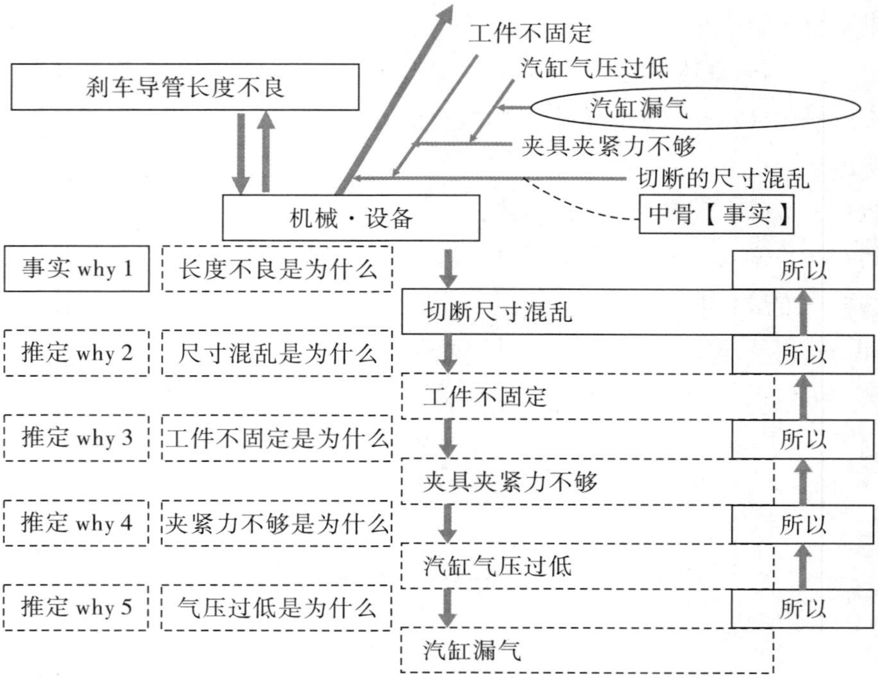

图 7-3　5why 分析法

也许这正是大野耐一先生喜欢在现场问员工“五个为什么”的原因。试想一下，一位管理上百万人的企业负责人在不停地问“五个为什么”，那么，还有谁能说没有时间问“五个为什么”？谁还能说“五个为什么”没有用？

下面通过 2 个简单的例子来说明分析方法的重要性。

例 1：设计更正的监视与分析。

设计更正是设计过程的监视和测量项目之一。假设某一周，设计部门出现了 30 次设计更正，可以从多个方面来分析设计更正。其中一个方面是涉及的工程师。将每位工程师的更正数量进行统计，得出表 7-1。

表 7-1　不同工程师的设计变更次数

工程师	张工	曹工	陈工	胡工	李工	吴工	赵工	邓工	方工
设计变更次数	10	7	4	3	2	1	1	1	1

将表中的数据绘制成帕累托图，得出图 7-4。

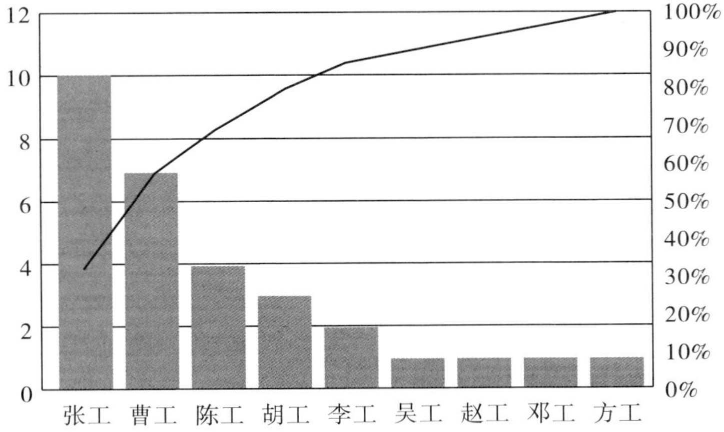

图 7-4 不同工程师的设计变更次数

从图 7-4 中可以清楚地看到，张工、曹工等工程师的工作需要改进。管理者可以将变更次数较少的工程师，如吴工等，纳入白名单。对未纳入白名单的工程师，在日常工作中，加强对其设计工作的检查和指导。

例 2：出货计划的监视与分析。

一个月内每周的计划出货量也是生产过程的监视和测量项目之一。

从出货计划图（图 7-5）可以看出，第四周的出货量最大，而第二周的出货量最小，两者相差 19 个单位。这个数据为采购和生产的调整提供了有价值的参考。

8月出货计划（按周）

预计出货时间	预计出货数量	实际出货数量
第一周	25	27
第二周	23	30
第三周	27	30
第四周	42	30
第五周	28	28

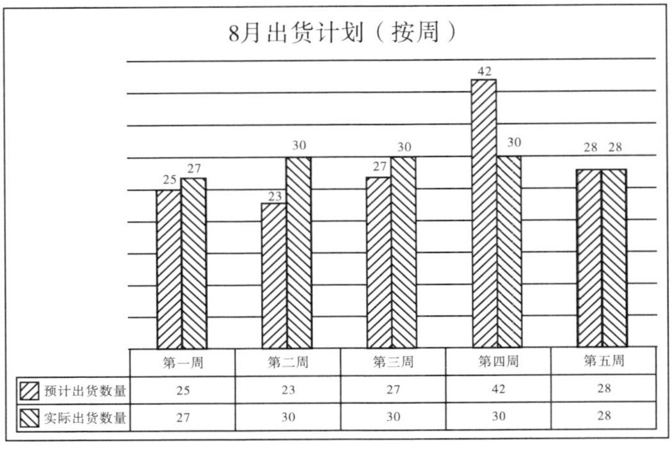

图 7-5 出货计划

最后，分析问题时，为了突出重点，简化问题，我们常常做一些假设。需要注意的是，假设要可靠，否则可能得出错误的结论。

（3）评价

在上面第二个例子中，分析结果可用来评价 8 月份每一周的产能是否符合要求。例如，假设 ×× 公司每周的产能是 27 个单位，可以得出以下评价结论：

①第五周的需求略微超出产能。

②第四周的需求严重超出产能。

③第三周的需求和产能刚好匹配。

④第一、二周的需求略低于产能。

而上面第一个例子的分析结果，则可用来评价工程师满足要求的程度：张工存在较大的差距，曹工也需要改进。部门领导应当参照本书第三章领导作用的相关要求，发挥领导作用，帮助两位工程师改进。

这是两个比较简单的例子。有些装备制造企业，单台机器的《客户详细需求表》就有一百多项要求。要评价产品的符合性，必须全面对比产品的实际数据和要求的差异，并分析差异的影响，才能得出产品的符合性。每一项都需要和客户沟通，确保理解的一致性。

在通往成功的道路上，反思是一门非常重要的必修课。进行分析，特别是数据分析，可以让我们更好地反思，从而离成功更近。

虽然本节讨论的几个案例都是组织内部比较具体的过程，但并不影响我们从这一节的讨论中得知，监视、测量、分析和评价都是落实质量管理体系"循证决策"原则的重要过程。从组织的质量管理体系看，这些过程只监视、测量内容的差异。

2.3.6 循证决策

2.3.6.4 可开展的活动

——确定、测量和监视关键指标，以证实组织的绩效；

——使相关人员能够获得所需的全部数据；

——确保数据和信息足够准确、可靠和安全；

——使用适宜的方法对数据和信息进行分析和评价；

——确保人员有能力分析和评价所需的数据；

——权衡经验和直觉，基于证据进行决策并采取措施。

第二节　审　核

以下是术语“审核”的定义。

3.13.1　审核　audit

为获得客观证据（3.8.3）并对其进行客观的评价，以确定满足审核准则（3.13.7）的程度所进行的系统的、独立的并形成文件的过程（3.4.1）

注 1：审核的基本要素包括由对被审核客体不承担责任的人员，按照程序（3.5.4）对客体（3.6.1）是否合格（3.6.11）所做的确定（3.11.1）。

注 2：审核可以是内部（第一方）审核，或外部（第二方或第三方）审核，也可以是多体系审核（3.13.2）或联合审核（3.13.3）。

注 3：内部审核，有时称为第一方审核，由组织（3.2.1）自己或以组织的名义进行，用于管理（3.3.3）评审（3.11.2）和其他内部目的，可作为组织自我合格声明的基础。内部审核可以由与正在被审核的活动无责任关系的人员进行，以证实独立性。

注 4：通常，外部审核包括第二方和第三方审核。第二方审核由组织的相关方，如顾客（3.2.4）或由其他人员以相关方的名义进行。第三方审核由外部独立的审核组织进行，如提供合格认证/注册的组织或政府机构。

注 5：这是 ISO/IEC 导则　第 1 部分 ISO 补充规定的附件 SL 中给出的 ISO 管理体系标准中的通用术语及核心定义之一。最初的定义和注释已经被改写，以消除术语“审核准则”与“审核证据”之间循环定义的影响，并增加了注 3 和注 4。

审核的目的是确定满足审核准则的程度，这是审核过程的预期结果。

审核的方法是获得客观证据，并依据证据进行客观评价。评价的结论可能是非量化的：满足审核准则或不满足审核准则。

审核具有 3 个特点：系统性、独立性、形成文件。对于一次成功的审核，这三点缺一不可。它们是审核过程的控检点。需要注意的是，英语中，中文词“系统”和“体系”通常可以用同一个单词“system”来表达。因此，审核的系统性要求就是要求我们按照体系化的方式进行审核。

质量管理体系标准大约有 130 项要求。其中，不少要求涉及组织（企业）的不同分支或部门，因此一个组织的管理体系要求通常远远超过 130 项。在内部审核时，为了保证审核的系统性，理论上应对所有要求进行审核。

进行内部审核和外部审核时，为了保证审核的系统性，最可靠的办法是逐一列出所有的要求，并逐条对照进行审核。尽管这一办法工作量巨大，但组织在建立质量管理体系之初，应当采用这种审核方法。这有助于让更多的组织成员参与审核，并在审核过程中更快理解标准。

普遍采用的审核方法是抽样审核，即从全部要求中抽取一定的比例，对照标准要求进行审核。类似地，政府监管部门也常采用抽查的方法，只是抽取数量比较少，检查的项目也比较有限。

独立性意味着审核员能够根据自己收集的证据，独立做出审核结论而不受其他人的干扰。这对审核员提出了很高的要求。注 3 说明了保证独立性的方法。

一、内部审核

9.2　内部审核

9.2.1　组织应按照策划的时间间隔进行内部审核，以提供有关质量管理体系的下列信息：

a）是否符合：

1）组织自身的质量管理体系要求；

2）本标准的要求；

b）是否得到有效的实施和保持。

9.2.1 包含 1 项要求：按策划的时间间隔进行内部审核，目的是获得质量管理体系的 2 类信息（图 7-6）。

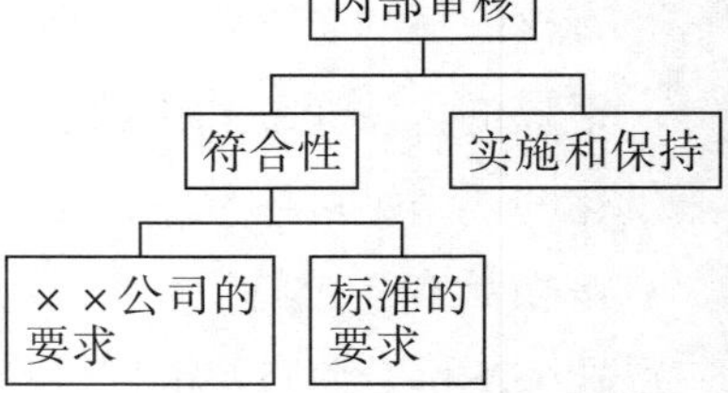

图 7-6　内部审核

9.2.2 组织应：

a）依据有关过程的重要性、对组织产生影响的变化和以往的审核结果，策划、制定、实施和保持审核方案，审核方案包括频次、方法、职责、策划要求和报告；

b）规定每次审核的审核准则和范围；

c）选择审核员并实施审核，以确保审核过程客观公正；

d）确保将审核结果报告给相关管理者；

e）及时采取适当的纠正和纠正措施；

f）保留成文信息，作为实施审核方案以及审核结果的证据。

注：相关指南参见 GB/T 19011。

9.2.2 包含 1 项要求，涉及 6 个方面：

第一个方面包含 3 个部分：审核方案的 3 个输入源的控检点，与审核方案相关的 4 项活动，审核方案的主要内容、输出的控检点。

制订审核方案时，首先，应考虑组织质量管理体系中重要的过程，特别是那些与质量管理七大原则相关的过程，如与顾客沟通过程、领导作用过程等。其次，应考虑影响组织的变化，如行业的发展趋势等。最后，应考虑以往审核的结果。充分考虑这三项，可以确保审核覆盖组织大部分重要的过程，并降低采用抽样方式带来的风险。

采用“横向展开”方法也可以在一定程度上降低抽样的风险。某些要求涉及多个部门，如果审核时抽到其中一个部门，并且发现该部门未满足标准的要求，则必须检查其他相关部门是否存在类似情况。如果其他部门也存在同样的情况，则可能涉及系统性不合格，从而得出组织的管理体系不合格的结论。此种情况下，认证机构不得给组织颁发认证证书。可见，“横向展开”是保证审核系统性的重要方法。

质量管理体系模型为我们展现了组织的整个质量管理体系。因此，我们可以从质量管理体系模型的各个部分，选择审核项目。

考虑到标准的要求大约有 130 项，有些要求还分成多个具体的要求，组织在建立、实施和保持质量管理体系时，可以将这些要求进行分类，并以分类为基础，制订审核计划。

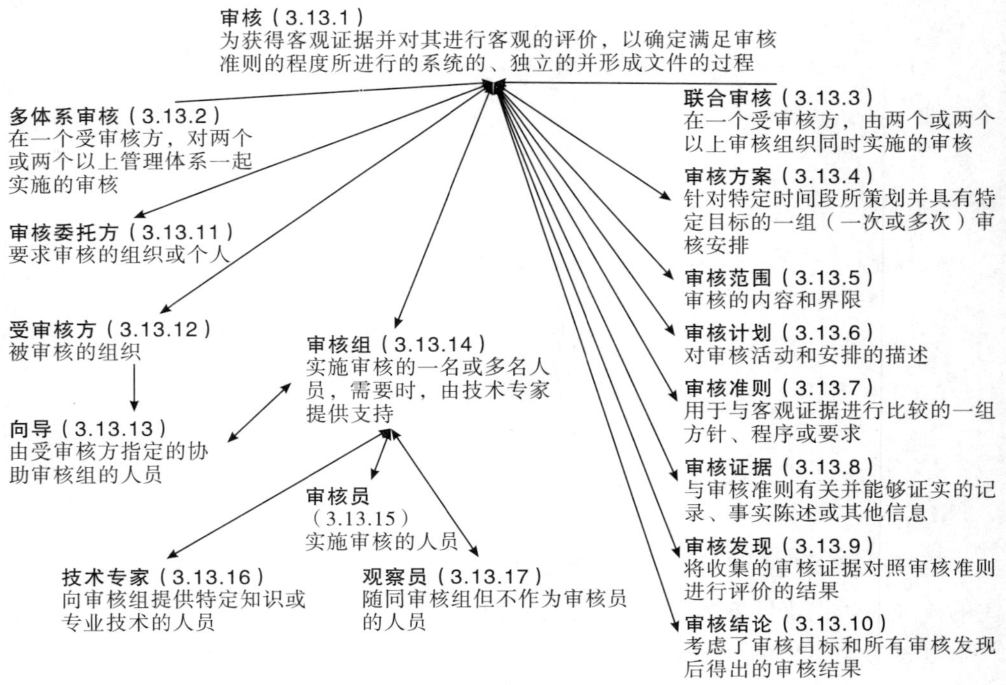

图 A.16　3.13 有关审核的定义及相关概念

从要求的用语看，“确保”是最重要的一类要求，在全部要求中占比也很大。因此，在制订审核计划和实施审核时，应以这一类要求为重点，优先审核组织内部与这一类要求相关的过程。

此外，我们曾讨论过沟通的影响，因此，审核时应特别留意含有沟通要求的过程。

对于表 1–3 中另外 9 种比较常见的活动，也可以适当提高审核的比例。

第二个方面是确定每次审核的准则和范围。

审核的核心任务是将标准的要求与组织的实际情况进行对比，并依据对比结果判定组织的该项活动是否符合标准要求。因此，必须确定判定不符合项的准则，同时必须确定判定质量管理体系是否符合标准要求，即是否能够通过审核的准则。

如果有些过程的预期结果很难确定，可以审核是否完成了标准要求的各种活动。

审核范围是指全部计划进行审核的标准的特定章节的要求，例如，我们可以将审核范围限定为标准“4　组织环境”中的各项要求。

第三个方面是选择审核员和实施审核，控检点是审核过程的客观性和公正性。

客观性要求审核过程应注重事实和证据，必要时，应在审核结束后进行验证。

对于审核员来说，确保公正性是一个巨大的挑战。审核员就像体育比赛中的裁判，必须准确地掌握判定的尺度，不能忽紧忽松，让人无所适从。更不能因个人的因素，有意加严或者放松判定的尺度。必要时，可以依据“回避原则”，让可能影响审核结果公正性的审核员回避相关过程的审核。

第四个方面涉及审核结束后需要进行的沟通活动，包括将审核报告发给相关的管理者。

需要注意的是，这一方面本身也是重要的标准要求，是审核的重点，审核时应查看以前的记录和措施，如上一次审核时发现的与品质部有关的不符合项报告和发给品质部的记录，以及品质部采取措施的记录等。

第五个方面强调相关管理者收到审核报告后，应根据情况，采取必要的纠正措施。

第六个方面是成文信息要求。成文信息既是后续改进过程的依据，也是确定下一次审核内容的依据。

二、外部审核（第二方或第三方审核）

标准《要求》中没有明确规定与外部审核有关的内容。在实际操作中，外部审核和内部审核一样，均以标准《要求》为审核依据。

通过第三方审核之后，第三方机构将颁发一个质量管理体系认证证书给被审核方。被审核方可以凭借这个证书向客户或其他相关方证明其质量管理体系的有效性。这也是众多企业建立质量管理体系的目的。

第三方审核向被审核方收取费用，因此，被审核方实际上是审核方的客户。那么，如何确保审核的公正性呢？

国家设有专门的机构来监督第三方审核机构。第三方审核机构必须将审核记录提交给监管机构，后者可通过电话调查等方式，了解审核情况，以确保审核的公正性。

第三方审核员一定会在首次会议和末次会议上强调审核采用抽样方式，并强调抽样的风险。相信审核员和他服务的公司知道这并不能完全排除他们的法律责任。

三、审核步骤

①选择标准要求，优先选择标准中比较重要的要求；
②确定与要求有关的部门，并从中选择一到两个部门；
③检查被审核部门执行相关要求的情况，查看记录；
④评价是否符合要求；
⑤如果不符合要求，被审核部门应制订改进措施；
⑥下次审核时，应确认改进效果。

四、审核的阻力

人们对事物的认识往往需要一个过程。因此事物在发展过程中，难免遇到一些阻力。从过去的内部和外部审核过程来看，审核面临的最大的阻力来自各级管理人员。

各级管理人员应加强对质量管理体系的认识和理解，按照标准的要求，积极参与质量管理体系的各项活动，确保实现预期结果。

第三节　管理评审

评审如同去医院体检一样。体检不能改变我们的身体状况，只能告诉我们目前的身体状况，并提供改变身体状况、让身体更加健康的建议。同理，评审本身不能改变组织的情况，但能够告知组织当前的状况并提供改进建议。

9.3　管理评审

9.3.1　总则

最高管理者应按照策划的时间间隔对组织的质量管理体系进行评审，以确保其持续的适宜性、充分性和有效性，并与组织的战略方向保持一致。

这是最高管理者证实其领导作用的一个重要的过程，也是一个指导管理评审的总则。它涉及1项要求、1个活动，目的有二：确保质量管理体系的“三性”——

适宜性、充分性和有效性；与组织的战略方向保持一致。

在讨论“标准的编写特点”时，我们提到管理评审相关的标准条文是完全按照过程模型编写的，因此可以直接套用过程模型。

本书第二章第一节摘录了评审和确定的定义。

从定义看，管理体系标准中的“评审”是一种确定。确定是《要求》中最多的活动之一。《基础和术语》中其他的“确定”还有：“监视 monitoring（3.11.3）”“检验 inspection（3.11.7）”“试验 test（3.11.8）”等。此外，“验证 verification（3.8.12）”是一种重要的过程控制方法。其“注 1：验证所需的客观证据可以是检验（3.11.7）结果或其他形式的确定（3.11.1）结果”说明验证也与确定有关。

《论语》“学而”篇载：“君子务本，本立而道生。”只有掌握了最基本的概念，才能真正懂得道理。只有掌握了《基础和术语》，才能真正理解质量管理体系的《要求》。

以下是管理评审输入的相关要求：

> 9.3.2 管理评审输入
>
> 策划和实施管理评审时应考虑下列内容：
>
> a）以往管理评审所采取措施的情况；
>
> b）与质量管理体系相关的内外部因素的变化；
>
> c）下列有关质量管理体系绩效和有效性的信息，包括其趋势：
>
> 1）顾客满意和有关相关方的反馈；
>
> 2）质量目标的实现程度；
>
> 3）过程绩效以及产品和服务的合格情况；
>
> 4）不合格及纠正措施；
>
> 5）监视和测量结果；
>
> 6）审核结果；
>
> 7）外部供方的绩效。
>
> d）资源的充分性；
>
> e）应对风险和机遇所采取措施的有效性（见 6.1）；
>
> f）改进的机会。

标准要求组织考虑 a 到 f 六个方面的因素，这些全部都是管理评审过程输入的控检点。我们可以从这些控检点中找到过程的输入源。

a 项强调，管理评审须首先考虑以往管理评审措施的落实情况是否达到预期。这表明，标准的编写者认为这项工作存在较高的风险，因此需要优先评审。评审时应关注 2 个方面：措施的有效性，是否坚持按照制订的措施认真执行。

近几年，大多数企业的外部情况都发生了重大的变化，其中包括与质量管理体系有关的外部因素。b 项强调企业的管理评审需要认真评价变化的影响；对于那些发展较快的企业，内部的变更尤其需要进行评审。为此，组织可能需要在管理评审之前做一次全面的内外部环境因素识别，并评估那些变化较大的内外部环境因素。

c 项包括 7 类信息。这些信息可用于评价组织质量管理体系的绩效和有效性，其中一部分信息来自分析和评价过程，此处还特别强调信息的趋势。

“1）顾客满意和有关相关方的反馈”：这是顾客和相关方对结果作出的反应。其关键是如何及时、准确地获得这些信息。例如，一些顾客有定期评价供应商的制度，若组织能够获得一个重要顾客的较高评价，说明组织能够较好地满足顾客要求；离职率在一定程度上反映员工的满意度；重要供应商的退出，反映了组织在满足相关方需求方面还有一定的改进空间。如果那些负面现象呈现出上升趋势，应引起组织的高度重视。组织应及时采取措施，防止事态进一步恶化。

“2）质量目标的实现程度”：质量目标的实现程度从一个侧面反映了组织管理体系的有效性。其中，部门质量目标的实现程度是组织质量目标实现程度的基础，同时反映一个部门管理的有效性。

“3）过程绩效以及产品和服务的合格情况”：组织的质量管理体系通常拥有众多过程以及多种产品和服务，因此，组织通常需要监视重要过程的绩效，以及重要产品和服务的合格情况。

“4）不合格和纠正措施”：对于大多数组织来说，这是一个非常重要的趋势。影响这一趋势最重要的因素是对待纠正措施的态度。例如，企业中常有一些不合格重复出现，即使采取了纠正措施，仍然不能防止同样的不合格再次出现。由此可见，纠正措施未能达到预期的效果，应考虑其他措施。如果相关人员抱有“我已经做了，还是出现不合格，我也没有办法”的态度，就可能对不合格逐渐麻木，任其发生。除了采取有效措施的能力，这类错误的观念才是持续改进的绊脚石。

因此，要时刻紧盯不合格趋势，并注意影响这种趋势的因素。

前文提到，“所测即所得”。“5）监视和测量结果”中的大部分结果应当有一个向好的趋势，否则应采取措施，实施改进；必要时，要考虑监视和测量项目的适宜性，重新确定那些不适宜的监视项目。把监视的重点放在“影响质量管理体系实现其预期结果”的项目。

“6）审核结果”：包括历次内外部审核的结果趋势，为此，应保留审核结果，以便检测历次审核结果呈现的趋势。

“7）外部供方的绩效”：根据监视和测量结果进行评价。

这7类关于质量管理体系绩效和有效性的信息，可以通过监视和测量获得，或者通过审核获得。依据这些信息，可以评价质量管理体系的绩效和有效性；而依据这些信息呈现的趋势，可以分析质量管理体系的绩效和有效性的趋势。

显然，至少需要收集两次或更多的数据，才能看到事物变化的趋势。这种趋势可分为3种情况：逐渐变差，维持原状，逐渐改善。这要求组织用动态的、发展的眼光看待上述7类信息。如果我们6个月前曾经考虑过这些趋势，但是未采取任何针对性措施，那么我们的现状在那个时候已经确定了；如果采取了针对性措施，我们的现状也许会好得多。

关于d项“资源的充分性”，也有不少改进的机会。多数情况下，工作无法落实，或很快走样，很可能是由资源不充分造成的。本书第五章介绍了一种“纵向看过程”的思路。按照这一思路，在建立过程和过程运行时，须经常检查标准第5章和第7章的要求，每个改进措施也要考虑资源的可用性，如此方可大幅提高资源的充分性。管理体系绩效不佳的企业，往往不缺资源，只是没有把资源放在合适的位置，导致资源的利用率太低。通过建立和实施质量管理体系，可以大幅改变现状。

关于e项“应对风险和机遇所采取措施的有效性（见6.1）”和f项“改进的机会”，相关过程中存在类似的评价措施有效性的要求，在管理评审时，应进行一次全面的检查。因为参与人员、成文信息（证据）等因素的差异，可以发现更多的改进机会，并且更好地实施改进。

9.3.2是比较复杂的要求，包括7项具体要求，并且c项又提出7种需要考虑的信息及信息的趋势。这说明9.3.2要求给管理体系做一次全面的体检，以全面评价管理体系的绩效和有效性。

9.3.3　管理评审输出

管理评审的输出应包括与下列事项相关的决定和措施：

a）改进的机会；

b）质量管理体系所需的变更；

c）资源需求。

组织应保留成文信息，作为管理评审结果的证据。

相对管理评审输入，管理评审输出的类型比较少，只有决定和措施两类。

a项“改进的机会”：管理评审的输出，就像体检之后医生给的健康建议，必须包括改进的机会和建议，否则就不是合格的管理评审。

b项“质量管理体系所需的变更”：通过对输入的分析和评价，确定质量管理体系的一些改进项目（输出），并在“改进”（见本书第八章）中确认。然后，根据标准第6章策划相关的过程，并按照标准“6.3　变更的策划”的要求进行策划，开始下一个循环。

由此可见，改进的机会和体系变更的需求是两类不同的输出。

c项“资源需求”是与输入“资源的充分性”相对应的输出。资源需求是所有过程都要考虑的因素，也是证实最高领导者领导作用的因素。这种输出往往是比较具体的资源需求，特别是人员的需求，较为容易实现。

管理评审也有成文信息要求。

管理评审的输出同样需要“横向展开”，不能简单地就事论事。当考虑某个过程存在某种资源的需求时，应同时考虑其他过程是否有同样的需求。

最后，各类组织在管理评审和内部审核方面，无论是能力还是知识，都存在一些欠缺。因此，我们应当更加重视标准的要求。通过深入学习和不断实践，尽快提高按照标准建立和维护质量管理体系的能力。

相信随着参与管理评审以及其他分析、评价等活动次数的增多，各级管理者的逻辑思维等重要能力将迅速提升。

第八章 改 进

如果将质量管理体系国际标准比作一幅“完美组织”的画像，那么改进过程就是让贯标组织的质量管理体系不断接近完美。

本章是 PDCA 循环的最后一个阶段“处置（Act）”，也是最高管理者证实其领导作用的一个重要方面。

这里的改进对象是组织的质量管理体系。改进的目的是提高质量管理体系的固有特性满足要求的程度，也就是提高质量管理体系的适宜性、充分性、有效性及满足标准要求的程度。这一点至关重要，可以避免让组织陷入“只见树木，不见森林”的思维误区。

第一节 总 则

10.1 总则

组织应确定和选择改进机会，并采取必要措施，以满足顾客要求和增强顾客满意。

这应包括：

a）改进产品和服务，以满足要求并应对未来的需求和期望；

b）纠正、预防或减少不利影响；

c）改进质量管理体系的绩效和有效性。

注：改进的例子可包括纠正、纠正措施、持续改进、突破性变革、创新和重组。

和其他章节一样，“10.1　总则”是覆盖这一章中其他部分的总的要求。

第一段采用“活动 + 目的”的模式。标准对组织提出“确定和选择改进机会并实施必要的措施”的要求，其目的在于：“满足顾客要求和增强顾客满意。”

第二段提出了 3 个方面的具体要求。其中，a 项增加了与应对未来的需求和期望相关的目的，措施是改进产品和服务。在当前的大背景下，改进产品和服务始终是企业的重要工作。b 项是有关不利影响的 3 种活动，与标准 6.1.1“c）预防和减少不利影响”的要求基本相同；c 项是整个质量管理体系的最终目标，即改进绩效和有效性。

标准条文的顺序也是组织选择改进项目的顺序。

关于注中的示例，开展纠正、纠正措施、持续改进是比较容易的改进，而涉及变革、创新或重组等是比较复杂的改进，对组织的改进能力也有更高的要求。这些应列入内部环境因素中，进行长远规划。

参照“所测即所得”理论，如果质量管理体系存在不合格，原因可能是组织的监视和测量项目不合适。组织应从改变监视和测量项目开始改进，提高管理体系的有效性和顾客满意。

按照标准的要求，可以很容易编写一个“改进过程（文件）”（图 8-1）。输入是从标准第 9 章的分析过程接收的管理评审、内部审核以及其他分析结论，输出是所有需要改进项目。

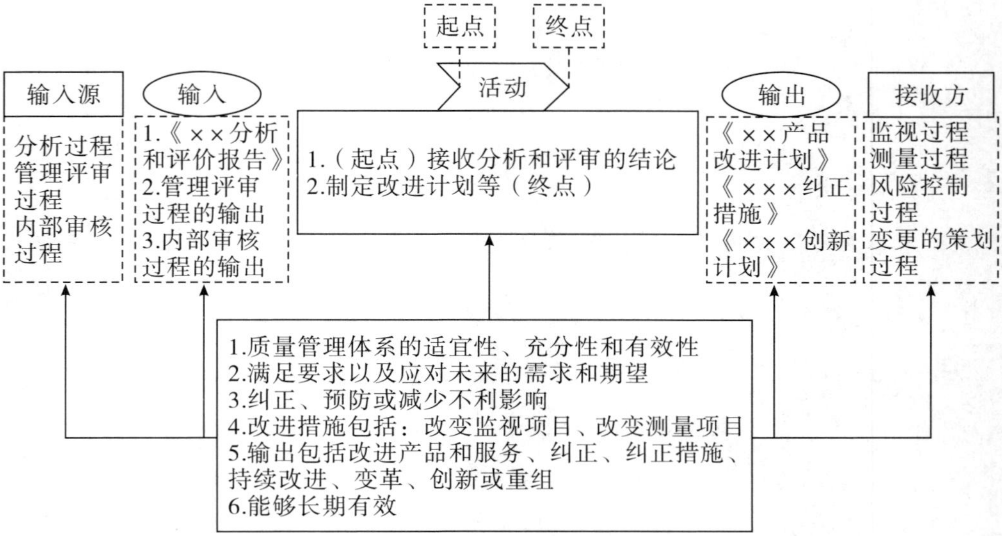

图 8-1　改进过程

第二节 不合格和纠正措施

以下是《基础和术语》关于“不合格”的定义。

3.6.9 不合格 nonconformity

不符合

未满足要求（3.6.4）

注：这是ISO/IEC导则 第1部分ISO补充规定的附件SL中给出的ISO管理体系标准中的通用术语及核心定义之一。

标准的要求如下：

10.2.1 当出现不合格时，包括来自投诉的不合格，组织应：

a）对不合格做出应对，并在适用时：

1）采取措施以控制和纠正不合格；

2）处置后果。

b）通过下列活动评价是否需要采取措施，以消除产生不合格的原因，避免其再次发生或者在其他场合发生：

1）评审和分析不合格；

2）确定不合格的原因；

3）确定是否存在或可能发生类似的不合格。

c）实施所需的措施；

d）评审所采取的纠正措施的有效性；

e）需要时，更新在策划期间确定的风险和机遇；

f）需要时，变更质量管理体系。

纠正措施应与不合格所产生的影响相适应。

这是一个“条件+活动”的模式。

所有的过程都有且只有两种结果：达成预期（合格）和未达成预期（不合格）。这一小节是针对后一种情况，即发生不合格时的要求。因此，所有产生不合格的过程都是这一小节的输入源，所有的不合格都是这一小节的输入。将所有的不合格集中起来，通过一个过程进行处理，可以极大地提高管理体系的效率。

a 项要求组织做出应对。适用的情况下“应对”分为两类：①采取措施控制不合格，避免出现更多的不合格，以及对当前的不合格进行处理，使其能够满足要求，成为合格品。②处理不合格造成的其他的各种后果。一个不合格往往会导致多种不良后果。比如，为了改正一个零部件的不合格，需要改变相关的零部件的尺寸或者位置；又比如，大多数不合格都会导致延期。为了弥补延期，常常需要采取加班、增加资源、调整计划等应对措施。

b 项要求组织进行评价，以确定是否需要采取措施消除产生不合格的根本原因。具体采用的评价方法如下：①评审和分析不合格，目前，不少企业基本上是直接进行下一条，忽视了对不合格本身的评审和分析。②确定产生不合格的原因，比如使用“五个为什么”、要因分析图等。大部分不合格产生的原因，仍然是缺乏知识和理解。例如，某些中层管理者对组织的一项价值观的认识不足，某个财务人员对某一条财务制度的理解不全面等，这些都可能是不合格的真正原因。③确定是否存在或可能存在类似不合格，其中，“是否存在”是“横向展开”，“可能存在”则是“基于风险的思维”。

对上述 3 个方面进行评价，可使同样的不合格不会再次发生，也不会在其他地方发生。例如，在一台设备上发生的不合格，不应在这台设备上再次发生，也不应在相同型号的其他设备上发生。这些必须建立在找出不合格的真正原因并采取了正确的措施的基础之上。

c 项要求“实施所需的措施”，例如，更换不合格设备上受到影响的其他部件等。上面提到的加班也是一种措施。

d 项要求评审“所采取的纠正措施的有效性”。采取了措施并不代表可以高枕无忧，必须对措施的效果进行检查。这样做有 2 个好处：评价这一次的措施，防止因措施不当而不能满足上面提到的各种要求；为今后提高纠正措施的有效性积累经验。

e 和 f 项是两个条件语句，在满足条件的情况下：“更新在策划期间确定的风险和机会”，详见标准“6.1　应对风险和机遇的措施”；“对质量管理体系进行变更”，详见标准“6.3　变更的策划”。这意味着，这两个输出的接收方都是 PDCA 循环策划阶段的过程。

10.2 本身就是在特定条件下开展的一系列活动，这里增加了一个条件，导致过程的输出接收方再次改变。

最后一段提醒我们注意掌握分寸。要做到这一点，需要建立科学的“影响”评价方法。

> 10.2.2 组织应保留成文信息，作为下列事项的证据：
> a）不合格的性质以及随后所采取的措施；
> b）纠正措施的结果。

10.2.2 是一项成文要求。其目的是保留 a 和 b 两种过程结果的证据。这些证据也是组织知识的来源。在管理评审和内部审核时，应注意这一条要求的实施情况。

第三节 持续改进

有时候，我们在工作上所做的“改进”，实际上是“改错”，对应的是标准中的术语“返工”（3.12.8）。也就是说，我们只是通过返工将不合格改为合格。但由于没有分析不合格的真正原因，从而未能从根本上消除这些原因，自然无法保证不合格不再发生。因此，有些不合格会重复出现。有鉴于此，我们必须高度重视并持续改进。

> 10.3 持续改进
> 组织应持续改进质量管理体系的适宜性、充分性和有效性。
> 组织应考虑分析和评价的结果以及管理评审的输出，以确定是否存在需求或机遇，这些需求或机遇应作为持续改进的一部分加以应对。

这是标准的最后一节，分 2 段。

第一段要求组织持续改进质量管理体系的“三性”——适宜性、充分性和有效性。持续改进适宜性，即根据组织内外部环境的变化，变更管理体系的某些过程，以使组织的管理体系更适合新的环境及组织的发展战略；持续改进充分性，即尽可能扩大组织质量管理体系覆盖的范围，最终涵盖所有影响组织持续提供满足顾客要求和适用法律法规要求的产品和服务的能力的各种因素；有效性，即管理体系及其过程能够充分发挥作用，提高组织的运行水平。这些是最高管理者的职责，最高管理者应积极履行这些职责。

上述改进是组织根据内外部环境的变化，主动进行的改进。

第二段要求组织根据分析、评价的结果和管理评审的输出，确定是否存在持续改进的需求和机会。标准的要求明确告诉了我们这几个过程的相互关系：

- 分析、评价和管理评审是持续改进过程的输入源。
- 分析、评价、管理评审的输出是持续改进过程的输入控检点。
- 持续改进过程是分析、评价、管理评审过程的输出接收方。

标准同时告诉我们，开展持续改进时，应尽量从上述3个过程的输出中发现机会。

此外，企业所有改进的关键在于长期坚持，绝不能过一段时间又回到原来的状态。唯有如此，PDCA 才能形成一个完整的循环，按标准建立的质量管理体系才能走向成功。

我们用一次成功的改进例子来结束本书的管理体系标准理解之旅。

某企业根据标准的要求，开展监视和测量。

为了降低库存，选择监视和测量机加工件的“在库天数”，即以天数为单位测量这类物料从入库到出库的时间，并规定了相关人员的岗位、职责和权限。同时，仓库管理者加强了与采购管理者之间的联系。

经过一段时间，负责监视和测量的经理，将项目改为监视和测量仓库中每天机加工件的数量，每周分析评价监视和测量数据，并将数据及时通报采购人员。

监视该数据三个月后，预期范围从 8 000—12 000 个缩小到 6 000—9 000 个。这是一个不错的成绩，并且这个监视和测量项目的成果成为该企业的一个质量目标，即，库存机加工件的数量必须在 6 000—9 000 个。

又过了三个月，质量目标进一步调整为 4 000—7 000 个。

该企业相关人员在总结时强调，按照质量管理体系标准的要求，负责相关工作的员工能够主动进行改进。同时，随着库存机加工件数量的下降，仓库其他工作也有所改进。

最重要的是，他们完成了多次改进，并且可以持续下去。这是前所未有的！

可以说，这个项目的全部经过，是“体系漏斗”运用的典范。

对于企业及其他各种类型的组织，改进最大的困惑是改进的成果很难持续，以致陷入“改进—还原—再改进—再还原”的怪圈。如果按照标准建立、实施和保持质量管理体系，相信企业就一定能够走出怪圈，持续改进，走向成功。

参考资料

霍恩比：《牛津高阶英汉双解词典》，于海江、赵翠莲译，第 10 版，北京：商务印书馆，2023 年。

陆新之：《王石是怎样炼成的》，杭州：浙江人民出版社，2004 年。

毛泽东：《毛泽东选集　第四卷》，北京：人民出版社，1991 年。

中国标准出版社：《质量管理体系基础和术语；质量管理体系要求》，北京：中国标准出版社，2017 年。

中国社会科学院语言研究所词典编辑室：《现代汉语词典》，第 7 版，北京：商务印书馆，2016 年。

后 记

全国每年有数百万家企业，总共投入近千亿元用于质量管理体系标准的培训、外部审核等相关事务。如何更好地发挥这样一笔巨额资金的作用，值得各方为之不懈努力。

组织如果希望建立符合标准要求的质量管理体系，首先必须尊重标准，包括使用标准的表述方法。

国际标准和国家标准在编写时受到一些限制，不能过多说明各个部分之间的相互关系。我们学习、理解标准时，应从体系的角度，花时间充分理解各个部分之间的相互关系，确保我们的管理体系没有断点。

有人说，企业管理就是用有限的资源去满足无限的需求。

当我们的质量管理体系逐渐成熟之后，我们会惊奇地发现，我们拥有的资源比过去想象的大得多——我们过去浪费了太多的资源！

随着管理体系有效性、充分性、适宜性的提高，组织运行的效率将大幅提高。组织将能够用更少的资源，生产更多的产品，包括节省宝贵的土地资源，为子孙后代留下更多的绿地。

最后，相信质量管理体系标准可以支持我们实现更加宏大的追求！

在本书成功出版发行之际，感谢覃晓洁女士在本书出版过程中提供的帮助，感谢章雅琴、张明明两位女士在本书写作过程中提供的帮助。

黄晓河

2023 年 12 月